Taschenlehrbuch Polnisch

Grażyna Szczecińska

Taschenlehrbuch

Polnisch

VEB Verlag Enzyklopädie Leipzig

Szczecińska, Grażyna:
Taschenlehrbuch Polnisch / Grażyna Szczecińska. – 3., unveränd. Aufl. – Leipzig: Verlag Enzyklopädie, 1990. – 282 S.: Ill.
ISBN 3-324-00216-8 für Taschenlehrbuch
ISBN 3-324-00159-5 für Taschenlehrbuch mit Tonband-Kassette

ISBN 3-324-00216-8 für Taschenbuch
ISBN 3-324-00159-5 für Taschenlehrbuch mit Tonband-Kassette

3., unveränderte Auflage

Verlagslizenz Nr. 434-130/140/90
Printed in the German Democratic Republic
Grundschrift: Timeless-Antiqua
Gesamtherstellung: INTERDRUCK Graphischer Großbetrieb Leipzig,
III/18/97
LSV 0850
Best.-Nr. 577 541 6 für Taschenlehrbuch
00800
Best.-Nr. 577 965 2 für Taschenlehrbuch mit Tonband-Kassette
02800

Inhaltsverzeichnis

Hinweise für den Benutzer

Das Taschenlehrbuch vermittelt erste Grundkenntnisse in der polnischen Sprache. Dem entspricht auch die Gliederung des ganz für die Praxis konzipierten Buches. Es beginnt mit einer kurzen Einführung in die polnische Schrift und einer ausführlicheren Beschreibung der polnischen Aussprache. Zahlreiche Beispiele, in Gegenüberstellung zum Deutschen, veranschaulichen die für den Anfänger zuerst schwierig erscheinende Aussprache der polnischen Laute. Es folgen die 32 Lektionen, die dem Lernenden einen Einblick in die verschiedenen Bereiche des kulturellen Lebens und den Alltag Polens geben. In die Thematik der jeweiligen Lektion, die das eindeutig praktische Ziel verfolgt, die erlernte Sprache zu sprechen, führt ein Dialog bzw. kurzer Text mit austauschbaren Elementen ein. An jeden Dialog schließt sich ein Wörterverzeichnis mit Beispielen von gebrauchsfähigen Wendungen und Sätzen zum Üben der neuen Wörter an. Dann folgt der grammatische Stoff, und am Ende jeder Lektion stehen zahlreiche Übungen, um die neue Lexik und Grammatik zu festigen. Ein Schlüssel für die Übungen ermöglicht es, die Sprache auch ohne Lehrer zu erlernen. Das Wörterverzeichnis Polnisch-Deutsch und Deutsch-Polnisch am Ende des Buches ersetzt ein gesondertes Wörterbuch.
Und nun wünschen wir Ihnen viel Spaß und Erfolg beim Erlernen der Sprache.

Die Autorin

Einige Hinweise zur Aussprache

Im Polnischen schreiben wir mit lateinischen Buchstaben. Einige Besonderheiten der Aussprache können nicht mit den einfachen Buchstaben des lateinischen Alphabets wiedergegeben werden. Man hat daher einige Buchstaben durch diakritische Zeichen (Punkte, Kommata, Häkchen) ergänzt (ż, ń, ę). Einige polnische Laute werden wie im Deutschen durch Buchstabenverbindungen (zwei oder mehr Buchstaben) wiedergegeben (deutsches sch im Polnischen sz).
Das polnische Alphabet hat 32 Buchstaben: a, ą, b, c, ć, d, e, ę, f, g, h, i, j, k, l, ł, m, n, ń, o, ó, p, r, s, ś, t, u, w, y, z, ź, ż.

1. Die Vokale

Im Gegensatz zum Deutschen werden im Polnischen keine Unterschiede zwischen langen und kurzen Vokalen gemacht (Quantität). Sie werden alle relativ kurz ausgesprochen. Die Klassifizierung der Vokale erfolgt nach:
- der Artikulationsstelle (vordere und hintere Vokale)
- dem Öffnungsgrad (weit-mittel-eng)
- der Beteiligung des Nasenraumes an der Aussprache (nasale, orale)

1.1. Die oralen Vokale

a [a] wird ähnlich ausgesprochen wie das deutsche a in fast, Hammel:
Magda, Warszawa, pasek, tapczan

e [ɛ] wird ähnlich ausgesprochen wie das deutsche e in Bett, Berg:
Ewa, zielony, czekać, Stefan

o [ɔ]	wird ähnlich ausgesprochen wie das deutsche **o** in Most, Ost: **robić, podać, wino, Wrocław**
u [ʊ]	wird ähnlich ausgesprochen wie das deutsche **u** in Buch, Hagebutte: **jutro, ulewny, luty, futro**
ó [ʊ]	ist lediglich eine orthographische Variante des o. g. Vokals, wird also gleich ausgesprochen: **żółty, róża, krótki, wódka**
i [i]	wird ähnlich wie das deutsche **i** in List, Mist ausgesprochen: **wino, Indie, miły, Iwona** Dieser Laut tritt am Anfang des Wortes sowie nach weichen Konsonanten auf.
y [ɪ]	klingt ähnlich wie das deutsche [ɪ] in schwimmen, Schiff: **buty, grzyby, lody, rzeczywiście** Dieser Laut kommt nach harten Konsonanten vor. Er steht nie am Wortanfang.

1.2. Die nasalen Vokale

Die Nasalvokale ą und ę werden nasal gesprochen, d. h. die nasale Artikulation wird durch ein Senken des weichen Gaumens hervorgerufen.

ą [ɔ̃]	wird ähnlich ausgesprochen wie in Bon**bon**, Bal**lon**: **oglądać, pstrąg, brązowy, są**
ę [ɛ̃]	wird ähnlich ausgesprochen wie in Bas**sin**, Ter**rain**: **często, się, imię**

2. Die Halbvokale

Im Polnischen gibt es zwei Halbvokale, die oft als Konsonanten betrachtet werden, denn sie sind nicht silbenbildend.

j [j] ist eine unsilbige Entsprechung des Vokals i und wird ähnlich ausgesprochen wie das **i** in deutschen Wörtern wie Mai, weiß bzw. wie das **j** in ja, jeder:
największy, jechać, maj, ja

ł [w] (auch [u] nach Vokalen) ist eine unsilbige Entsprechung des Vokals u. Die Aussprache ist ähnlich wie in Mosk**au**, **au**a, B**au**ch:
auto, miły, widziałem, biały

3. Die Konsonanten

p [p] **t** [t] **k** [k]	werden ähnlich wie die entsprechenden deutschen Konsonanten ausgesprochen, jedoch nicht behaucht:	**pasek, pomarańczowy** **twój, styczeń** **Marek, kajak**
b [b] **d** [d] **g** [g]	werden im Anlaut sowie meistens im Inlaut stimmhaft ausgesprochen (vgl. die deutschen Wörter oben, reden, Riegel):	**bar, brązowy** **Dorota, podarować** **gruszka, Bogdan**

Im Auslaut sowie im Inlaut in unmittelbarer Nachbarschaft eines stimmlosen Konsonanten werden sie stimmlos (vgl. auch Absatz 4.2.).

f [f] ist dem deutschen **f** in öffnen ähnlich:
Feliks, francuski

w [v] ist dem deutschen **w** in Wartburg, Weg ähnlich:
Warszawa, czerwony

s [ɕ] ist dem deutschen **ß** ähnlich (wie z. B. groß, Floß):
styczeń, sobota

z [z] wird wie das deutsche **s** vor Vokalen ausgesprochen (vgl. sausen, Säure):
razem, zobaczyć

sz [ʃ] wird wie das deutsche **sch** in **Sch**ule, **Sch**raube artikuliert:
sześć, koszula

ż/rz [ʒ] ist die stimmhafte Entsprechung von **sz** (vgl. Journal, Genie):
róża, żółty, porzeczkowy, rzeczywiście

h/ch [x] ist dem deutschen **ach**-Laut ähnlich (wie in Ba**ch**, Sa**ch**e, Ko**ch**):
chemia, kochany, herbata, Helena

c [ts] wird ähnlich ausgesprochen wie das deutsche **z**, **tz** in Zahl, Katze:
co, marzec, Jacek

cz [t͡ʃ] wird artikuliert wie das deutsche tsch in rutschen, Kutsche:
czeski, czerwiec, czwartek

dz [d͡z] ist die stimmhafte Entsprechung von **c** (**d** + **z**):
chodzę, rydze

dż [d͡ʒ] ist die stimmhafte Entsprechung von **cz**; wird ähnlich wie das deutsche **dsch** in **Dsch**ungel oder das englische **j** in **J**ack ausgesprochen:
dżungla, jeżdżę

m [m] **n** [n] **l** [l]	werden wie die entsprechenden deutschen Laute artikuliert:	**zima, morze** **nad, ananas** **las, lekkomyślny**

r [r] wird meistens als alveolarer Vorderzungen-Schwinglaut ausgesprochen, also anders als das deutsche Zäpfchen-R; die Aussprache von r ist aber individuell, andere Varianten der Aussprache werden kaum als falsch betrachtet. Beispiele:
brązowy, srebro, roztargniony

ś/si [ɕ] wird ähnlich wie der deutsche ch-Laut in **ich**, **riechen** ausgesprochen:
siedzieć, śliwka, Zosia

ź/zi [ʑ] ist die stimmhafte Entsprechung des Lautes [ɕ]:
zima, zielony, późno

ć/ci [t͡ɕ] steht zu [t͡s] in demselben Verhältnis wie [ɕ] zu [s]:
ciemno, robić, ciocia

dź/dzi [d͡ʑ] ist die stimmhafte Entsprechung von [t͡ɕ]:
dzieci, dzień, Łódź, rodzice

ń [ɲ] ist palataler Nasal und steht zu dentalem [n] in gleichem Verhältnis wie [ɕ] zu [s]:
japoński, rodzeństwo, pieśń

Charakteristisch für die polnische Sprache sind palatalisierte Konsonanten. Sie haben eine zusammengesetzte Artikulation: es ist die grundlegende Artikulation des betreffenden Konsonanten mit gleichzeitiger Hebung des mittleren Zungenteils gegen den harten Gaumen. Es ist wichtig, diesen Unterschied zu beachten, denn in einer Reihe von Fällen ist die Unterscheidung zweier Wörter mit unterschiedlicher Bedeutung nur so möglich. Beispiele:
pasek (Gürtel) -- **piasek** (Sand); **bały** (sie fürchteten) – **biały** (weiß); **mały** (klein) – **miały** (sie hatten);

4. Die Angleichung

4.1. Die palatisierten Konsonanten

Palatalisierte labiale und velare Konsonanten treten nur vor Vokalen und Halbvokalen auf (**miły, piłka, miasto, piasek**). Vor Konsonanten und am Wortende werden sie durch entsprechende nichtpalatalisierte Konsonanten ersetzt:

robię – rób, róbmy.

Die Konsonanten **k** und **g** werden vor dem Vokal **i** palatalisiert:

ręka – ręki; droga – drogiej;

4.2. Stimmhafte und stimmlose Konsonanten

4.2.1. Stimmhafte Konsonanten werden stimmlos:

- vor stimmlosen Konsonanten: **książka, bluzka**
- am Wortende vor einer Pause: **chleb, Kraków**

Außerdem werden **w** und **rz** nach stimmlosen Konsonanten stimmlos:

twój, kwiaty, trzy, przez

4.2.2. Stimmlose Konsonanten werden vor stimmhaften (außer **w** und **rz**) stimmhaft ausgesprochen:

liczba, prośba.

4.3. Andere Möglichkeiten für die Assimilation der Konsonanten

4.3.1. Vor palatalen Konsonanten sowie vor **l** und palatalisiertem **m** werden [s] zu [ɕ] und [z] zu [ʑ]:

zły – źle, wezmę – weźmie.

4.3.2. Vor **k, ki, g, gi** wird [n] als [ŋ] ausgesprochen:

bank, Kongo

4.3.3. Wenn der Halbvokal **ł** nach einem Konsonanten am Wortende bzw. zwischen zwei Konsonanten innerhalb eines Wortes steht, wird er nicht ausgesprochen:
wiózł, przyszedł, jabłko

4.4. Die Nasalität

4.4.1. Am Wortende wird **ę** entnasalisiert und als **e** ausgesprochen:
uczę się, proszę Agnieszkę

4.4.2. Vor den Liquiden **l**, **r** sowie vor dem Halbvokal **ł** werden **ę** und **ą** entnasalisiert:
wzięła – wzięli – wziął

4.4.3. Vor Explosivlauten und Affrikaten werden **ą** und **ę** als Verbindung vom oralen **o**, **e** und einem nasalen Konsonanten artikuliert:
pięć, ręka, błękitny, zmęczony, okrągły, piątek, ząb, brązowy.

5. Die Betonung

5.1. Grundsätzlich werden zwei- und mehrsilbige Wörter auf der vorletzten Silbe betont:
miły, towarzyski, lipiec, jechać

5.2. Wörter, die aus dem Griechischen, Lateinischen oder teilweise auch aus anderen Sprachen stammen, werden oft auf der drittletzten Silbe betont:
matematyka, fizyka, opera, uniwersytet.
Dies betrifft auch einige polnische Wörter:
okolica, rzeczpospolita.

5.3. Die drittletzte Silbe wird außerdem beont:
- in der 1. und 2. Person Plural Prät.: mieszkaliśmy, mieszkaliście, czytałyśmy, czytałyście
- in den Zahlwörtern 400 bis 900: czterysta, pięciuset, sześciuset
- in den Formen des Konjunktivs mit der Partikel -by (außer der 1. und 2. Pers. Pl.): chodziłby, mieszkałaby, zrobiłabym

5.4. Die 1. und 2. Pers. Pl. des Konjunktivs werden auf der viertletzten Silbe betont: czytalibyśmy, czytalibyście, kupiłybyśmy, kupiłybyście.

6. Zusammenstellung der polnischen Laute

6.1. Vokale

		Vordere Vokale		Hintere Vokale
Enge Öffnung	oral	i/y		u (ó)
Mittlere Öffnung	oral	e		o
	nasal	ę		ą
Weite Öffnung	oral		a	

6.2. Konsonanten und Halbvokale

	Labial hart	Labial weich	Dental	Alveolar	Palatal	Velar hart	Velar weich
Explosivlaute							
stimmlos	p	pi	t			k	ki
stimmhaft	b	bi	d			g	gi

Spiranten							
stimmlos	f	fi	s	sz/rz	ś/si	h/ch	hi/chi
stimmhaft	w	wi	z	ż/rz	ź/zi		
Affrikaten							
stimmlos			c	cz	ć/ci		
stimmhaft			dz	dż	dź/dzi		
Sonanten							
nasal	m	mi	n		ń/ni		
liquid				r, l			
Halbvokale					j	ł (u)	

Lekcja 1

Üben Sie den Dialog: lesen Sie ihn zuerst in der angegebenen Form, dann tauschen Sie die gekennzeichneten Wörter durch die darunterstehenden aus und bilden Sie dadurch neue Dialoge.

Magda: Marcin (a) to moj chłopak (b).
Ela: Jaki on jest?
Magda: Miły (1), uczynny (2), sympatyczny (3).

(a) Wojtek, Adam, Bogdan
(b) brat, szwagier, kuzyn
(1) inteligentny, lekkomyślny, przystojny
(2) zdolny, roztargniony, wysoki
(3) muzykalny, niecierpliwy, szczupły

Słowniczek (Wörterverzeichnis)

to	hier: ist (wörtlich: das, es)	Adam to mój szwagier. Kto to (jest)?
chłopak	1. Junge, Bursche 2. Freund (von einem Mädchen)	Ten chłopak to Adam. Mój chłopak jest muzykalny.
jaki	wie (nur *Adj. mask. Sg.*)	Jaki jest Wojtek?
miły	nett (nur *Adj. mask. Sg.*)	Wojtek jest miły.
on	er	On jest miły.
jest	(er, sie, es) ist	Kto to jest?
sympatyczny	sympathisch *(Adj. mask. Sg.)*	On jest sympatyczny.

brat	Bruder	To jest mój brat.
szwagier	Schwager	Mój szwagier jest miły.
uczynny	hilfsbereit, gefällig *(Adj. mask. Sg.)*	Marcin jest uczynny
kuzyn	Vetter	Bogdan to mój kuzyn.
inteligentny	intelligent *(Adj. mask. Sg.)*	Marcin jest inteligentny.
lekkomyślny	leichtsinnig *(Adj. mask. Sg.)*	Adam jest lekkomyślny.
przystojny	schön, hübsch – nur ein Mensch *(Adj. mask. Sg.)*	Bogdan jest przystojny.
zdolny	begabt *(Adj. mask. Sg.)*	On jest zdolny.
wysoki	1. hoch *(Adj. mask. Sg.)*	wysoki hotel
	2. groß *(Adj. mask. Sg.)*	wysoki chłopak
roztargniony	zerstreut, unaufmerksam *(Adj. mask. Sg.)*	Mój brat jest roztargniony.
muzykalny	musikliebend, musikbegabt *(Adj. mask. Sg.)*	On jest muzykalny.
niecierpliwy	ungeduldig *(Adj. mask. Sg.)*	niecierpliwy chłopak
szczupły	schlank *(Adj. mask. Sg.)*	Adam jest szczupły.

Gramatyka

1. Substantive-allgemeine Bemerkungen

Die Substantive sind im Polnischen männlich, weiblich oder sächlich. Sie werden nach Numerus (Zahl) und Kasus (Fall) gebeugt. Manche Fremdwörter werden nicht dekliniert. In der Einzahl (Singular) werden bei der Deklination 3 Geschlechter unterschieden. In der Mehrzahl (Plural) gibt es nur 2 Geschlechter: das personale Geschlecht (Substantive, die männliche Personen bezeichnen) und das impersonale Geschlecht (sonstige Substantive). In den einzelnen grammatischen Geschlechtern hat der Nominativ Sg. der Substantive (ausgenommen Eigennamen) folgende Endungen:

Feminina:	-a (-i)	-Ø	
Maskulina:		-Ø	
Neutra:			-o, -e, -ę, (-um)

2. Adjektive

2.1. Allgemeines

Wie das Substantiv, kann das Adjektiv im Singular 3, im Plural 2 Geschlechter haben. Es richtet sich in Geschlecht, Fall und Zahl nach dem Substantiv, welches es ergänzt.

2.2. Maskulina, Nom. Sg.

Meistens hat das Adjektiv im Nom. Sg. als Maskulinum die Endung -**y**: zdoln**y**, muzykaln**y**. Die Endung -**i** tritt seltener auf, und nur dann, wenn der Stamm mit **p, n, k** oder **g** endet. Beispiele: ta**ni** (billig), głu**pi** (dumm), dro**gi** (teuer), wyso**ki**.

Ćwiczenia (Übungen)

1. Proszę ułożyć zdania (Bilden Sie Sätze):

Marcin Wojtek Adam Bogdan	jest	miły, uczynny, sympatyczny, zdolny, inteligentny, muzykalny, wysoki, przystojny, lekkomyślny, szczupły, niecierpliwy, roztargniony

2. Proszę odpowiedzieć na pytania (Beantworten Sie die Fragen):

Przykład (Beispiel): Jaki jest Robert? Robert jest miły.
1. Jaki jest Adam? 2. Jaki jest Wojtek? 3. Jaki jest Bogdan? 4. Jaki jest Marcin?

3. Proszę odpowiedzieć na pytania według wzoru (Beantworten Sie die Fragen nach dem Muster); beachten Sie dabei, daß die polnischen Fragesätze grundsätzlich mit einem Fragewort beginnen. Fragen, die im Deutschen kein Fragewort verlangen, beginnen im Polnischen mit dem Fragewort **czy**:

Przykład: **Czy** Marcin jest miły? Tak, Marcin jest miły.
Tak, on jest miły.

1. Czy Marcin jest uczynny? 2. Czy Marcin jest sympatyczny? 3. Czy Wojtek jest inteligentny? 4. Czy Wojtek jest muzykalny? 5. Czy Adam jest roztargniony? 6. Czy Adam jest niecierpliwy? 7. Czy Bogdan jest przystojny? 8. Czy Bogdan jest wysoki?

4. Proszę odpowiedzieć na pytania według wzoru:

Przykład: **Czy** Marcin jest lekkomyślny? Nie, Marcin nie jest lekkomyślny. Nie, on nie jest lekkomyślny.

1. Czy Marcin jest muzykalny? 2. Czy Marcin jest niecierpliwy? 3. Czy Marcin jest roztargniony? 4. Czy

Wojtek jest uczynny? 5. Czy Wojtek jest wysoki? 6. Czy Wojtek jest miły? 7. Czy Adam jest sympatyczny? 8. Cy Adam jest muzykalny? 9. Czy Adam jest wysoki? 10. Czy Bogdan jest niecierpliwy? 11. Czy Bogdan jest roztargniony? 12. Czy Bogdan jest lekkomyślny?

Lekcja 2

Üben Sie den Dialog wie in der Lektion 1:

Magda: To moja nowa spódnica (a).
Ela: Bardzo ładna (1). Wełniana (2)?
Magda: Tak. Ale niestety zbyt szeroka (3).

(a) sukienka, bluzka, torebka
(1) elegancka, gustowna, modna
(2) jedwabna, bawełniana, skórzana
(3) jasna, kolorowa, droga

Słowniczek

moja	meine *(fem. Sg.)*	moja nowa bluzka
nowa	neu *(Adj. fem. Sg.)*	nowa torebka
spódnica	der Rock	wełniana spódnica
bardzo	sehr	bardzo ładna sukienka
ładna	hübsch, schön *(Adj. fem. Sg.)*	Ta sukienka jest bardzo ładna.
wełniana	aus Wolle *(Adj. fem. Sg.!)*	wełniana spódnica
ale	aber	Adam jest sympatyczny, ale lekkomyślny.
niestety	leider	Ta sukienka jest niestety bardzo droga.

zbyt + *Adj.* *(Adv.)* = za + *Adj.* *(Adv.)*	zu + *Adj.* *(Adv.)*	Ta torebka jest zbyt droga (za droga).
szeroka	weit, breit *(Adj. fem. Sg.)*	szeroka spódnica
sukienka	das Kleid	modna sukienka
bluzka	die Bluse	nowa bluzka
torebka	hier: Damentasche auch: Tüte, Beutelchen	skórzana torebka
elegancka	elegant *(Adj. fem. Sg.)*	Magda jest elegancka. Sukienka jest elegancka.
gustowna	geschmackvoll *(Adj. fem. Sg.)*	gustowna torebka
modna	modisch *(Adj. fem. Sg.)*	modna bluzka
jedwabna	aus Seide *(Adj. fem. Sg.)*	jedwabna bluzka
bawełniana	aus Baumwolle *(Adj. fem. Sg.)*	bawełniana sukienka
skórzana	aus Leder *(Adj. fem. Sg.)*	skórzana torebka
jasna	hell *(Adj. fem. Sg.)*	jasna bluzka
kolorowa	bunt, farbig *(Adj. fem. Sg.)*	kolorowa sukienka
droga	teuer *(Adj. fem. Sg.)*	droga torebka

Gramatyka

Adjektive-Feminina, Nom. Sg.

Die Endung der weiblichen Adjektive ist immer **-a**. Wenn das Adjektiv in der männlichen Form auf ein **-i** endet, kommt die weibliche Endung **-a** erst nach dem Vokal **-i**. Endet aber der Wortstamm auf **k** oder **g**, wird die weibliche Form des Adjektivs ohne **i** gebildet.

Beispiele:
miły – miła; modny – modna; jasny – jasna;
drogi – droga; wysoki – wysoka;
tani – tania; głupi – głupia;

Ćwiczenia

1. Proszę ułożyć zdania:

sukienka		jasna, kolorowa, tania, droga
torebka	jest	elegancka, skórzana, modna
bluzka		jedwabna, gustowna, bawełniana
spódnica		ładna, wełniana, szeroka

2. Proszę odpowiedzieć na pytania według wzoru:

Przykład: Czy spódnica jest tania? Tak, spódnica jest tania. Tak, ona jest tania.

1. Czy spódnica jest wełniana? 2. Czy spódnica jest za szeroka? 3. Czy sukienka jest elegancka? 4. Czy sukienka jest za jasna? 5. Czy bluzka jest bawełniana? 6. Czy bluzka jest zbyt kolorowa? 7. Czy torebka jest modna? 8. Czy torebka jest zbyt droga? 9. Czy torebka jest skórzana?

3. Proszę odpowiedzieć na pytania według wzoru:

Przykład: Czy bluzka jest wełniana? Nie, bluzka nie jest wełniana. Nie, ona nie jest wełniana.

1. Czy spódnica jest kolorowa? 2. Czy spódnica jest modna? 3. Czy sukienka jest ładna? 4. Czy sukienka jest nowa? 5. Czy bluzka jest jedwabna? 6. Czy bluzka jest elegancka? 7. Czy torebka jest jasna? 8. Czy torebka jest gustowna? 9. Czy spódnica jest za droga? 10. Czy bluzka jest za jasna? 11. Czy sukienka jest zbyt szeroka? 12. Czy torebka jest zbyt kolorowa?

4. Proszę odpowiedzieć na pytania; każda odpowiedź powinna składać się z 3–5 przymiotników (Beantworten Sie die Fragen; jede Antwort sollte aus 3–5 Adjektiven bestehen):

1. Jaka jest Magda? 2. Jaka jest Ela? 3. Jaka jest Monika? 4. Jaka jest Dorota? 5. Jaka jest torebka? 6. Jaka jest bluzka? 7. Jaka jest sukienka? 8. Jaka jest spódnica?

5. Proszę uzupełnić (Ergänzen Sie):

1. Ta sukienka jest modna, ale niestety ...
2. Ta bluzka jest elegancka, ale niestety ...
3. Ta torebka jest tania, ale niestety ...
4. Ta spódnica jest gustowna, ale niestety ...
5. Magda jest uprzejma, ale niestety ...
6. Ewa jest miła, ale niestety ...
7. Urszula jest zdolna, ale niestety ...
8. Monika jest szczupła, ale niestety ...

za droga, zbyt kolorowa, zbyt niecierpliwa, zbyt lekkomyślna, za wysoka, za szeroka, za jasna, zbyt roztargniona

Lekcja 3

Bogdan: To moje mieszkanie. (a)
Marcin: Przytulne. (1)
Bogdan: Tak, przytulne (1) i ustawne (2), ale trochę za małe (3).

(a) ubranie, palto, dziecko
(1) gustowne, eleganckie, miłe
(2) modne, ciepłe, spokojne
(3) ciemne, jasne, wrażliwe

Słowniczek

moje	mein *(neutr. Sg.)*	moje mieszkanie
mieszkanie	die Wohnung	ładne mieszkanie
przytulne	gemütlich *(Adj. neutr. Sg.)*	przytulne mieszkanie
ustawne	gut einrichtbar *(Adj. neutr. Sg.)*	Moje mieszkanie jest ustawne.
trochę	ein bißchen	Ta sukienka jest trochę za droga.
małe	klein *(Adj. neutr. Sg.)*	małe mieszkanie
ubranie	1. der Anzug 2. die Kleidung	eleganckie ubranie
palto	der Wintermantel	nowe palto
dziecko	das Kind	moje dziecko
ciepłe	warm *(Adj. neutr. Sg.)*	ciepłe palto
spokojne	ruhig *(Adj. neutr. Sg.)*	Dziecko jest spokojne.

ciemne	dunkel *(Adj. neutr. Sg.)*	ciemne ubranie
wrażliwe	empfindlich *(Adj. neutr. Sg.)*	wrażliwe dziecko

Gramatyka

Adjektive, Neutra Nom. Sg.

Das Adjektiv in der sächlichen Form hat immer die Endung -**e**. Endet jedoch die männliche Form auf ein -**i**, tritt die Endung -**e** erst nach dem Vokal -**i** auf.
Beispiele:
miły – mił**e**; ciasny – ciasn**e**; drogi – drogi**e**; tani – tani**e**;

Ćwiczenia

1. Proszę ułożyć zdania:

mieszkanie		przytulne, ustawne, małe, jasne
ubranie	jest	drogie, eleganckie, modne, ładne
palto		ciepłe, tanie, eleganckie
dziecko		inteligentne, spokojne, lekkomyślne

2. Proszę odpowiedzieć na pytania:

Jakie jest palto? Jakie jest dziecko? Jakie jest ubranie? Jakie jest mieszkanie?

3. Proszę odpowiedzieć na pytania według wzoru:

Przykład: Czy dziecko jest muzykalne? Tak, dziecko jest muzykalne.
Tak, ono jest muzykalne.

1. Czy mieszkanie jest przytulne? 2. Czy mieszkanie jest małe? 3. Czy ubranie jest drogie? 4. Czy ubranie jest jasne? 5. Czy palto jest ciepłe? 6. Czy palto jest modne? 7. Czy dziecko jest spokojne? 8. Czy dziecko jest wrażliwe?

4. Proszę odpowiedzieć według wzoru:

Przykład: Czy dziecko jest spokojne? Nie, dziecko nie jest spokojne.
Nie, ono nie jest spokojne.

1. Czy mieszkanie jest małe? 2. Czy mieszkanie jest ciemne? 3. Czy ubranie jest kolorowe? 4. Czy ubranie jest tanie? 5. Czy palto jest skórzane? 6. Czy palto jest modne? 7. Czy dziecko jest zdolne? 8. Czy dziecko jest muzykalne?

5. Proszę uzupełnić (Ergänzen Sie):

1. To palto jest modne, ale niestety ... 2. Dziecko jest spokojne, ale niestety ... 3. To ubranie jest ładne, ale niestety ... 4. Moje mieszkanie jest przytulne, ale niestety ... 5. Moje dziecko jest zdolne, ale niestety ...
za jasne; rotargnione; lekkomyślne; za drogie; za małe.

6. Proszę uzupełnić według wzoru:

Przykład: Ubranie nie jest jasne; ono jest ciemne.

1. Moje mieszkanie nie jest ciemne; ono ... 2. To palto nie jest tanie; ono ... 3. Dziecko nie jest cierpliwe; ono ... 4. To ubranie nie jest ładne; ono ...

Lekcja 4

Ela: Ten brązowy (1) płaszcz (a) jest ładny (2).
Magda: Owszem, ale za drogi (3). Ale ta niebieska (4) sukienka (b) jest tania (5).
Ela: Tania (5), ale niemodna (6).

(a) pasek, pierścionek, tapczan
(b) torebka, bransoletka, wersalka
(1) czarny, złoty, beżowy
(2) elegancki, niebrzydki, wygodny
(3) szeroki, skromny, wąski
(4) skórzana, srebrna, zielona
(5) śliczna, elegancka, szeroka
(6) droga, kosztowna, niewygodna

Magda: To miasto (a) jest urocze (1).
Marcin: Tak, zadbane (2), zabytkowe (3). Ale Warszawa (b) też jest piękna (4).
Magda: Nie tylko. Kraków (c) jest również piękny (5).

(a) muzeum, podwórze, przedstawienie
(b) katedra, kamienica, rewia
(c) zamek, ogród, film
(1) interesujące, niebrzydkie, fascynujące
(2) nietypowe, przytulne, pomysłowe
(3) ciekawe, zadbane, zaskakujące
(4) wspaniała, przyjemna, świetna
(5) wspaniały, przyjemny, świetny

Ela: Czy ten nowy angielski (1) film (a) jest dobry (2)?
Magda: Jaki?
Ela: "Czarnowłosa (3) rozwódka (b) i tajemniczy (4) blondyn (c)"?
Magda: Owszem, to niezły (5) film (a).

(a) dramat, kryminał, zespół muzyczny
(b) studentka, walizka, mgła
(c) profesor, parasol, deszcz
(1) francuski, włoski, amerykański
(2) interesujący, pasjonujący, nowoczesny
(3) zakochana, skórzana, biała
(4) roztargniony, czarny, ulewny
(5) ciekawy, świetny, awangardowy

Słowniczek

ten, ta, to	dieser, diese, dieses	Ten płaszcz jest drogi, ale ta sukienka jest tania. To dziecko jest miłe.
brązowy, -a, -e	braun	brązowy płaszcz
płaszcz	Mantel	modny płaszcz
owszem	ja, natürlich; doch; schon	– Ta bluzka jest ładna. – Owszem.
niebieski, -a, -ie	blau	niebieska sukienka
tani, -ia, -ie	billig	Ten płaszcz jest tani.
niemodny, -a, -e	nicht modisch	niemodna spódnica
pasek	Gürtel	Ten pasek jest za wąski.
pierścionek	Ring (mit Stein)	Ten pierścionek jest za drogi.
tapczan	Couch (ohne Lehne)	Ten tapczan jest wygodny.
bransoletka	Armreif	Czy ta bransoletka jest złota?

wersalka	Schlafcouch (mit Lehne)	Ta wersalka jest za jasna.
czarny, -a, -e	schwarz	czarny płaszcz
złoty, -a, -e	golden	złoty pierścionek
beżowy, -a, -e	beige	beżowa sukienka
wygodny, -a, -e	bequem	wygodna wersalka
niebrzydki, -a, -ie	nicht häßlich, ganz hübsch	Ta sukienka jest niebrzydka.
skromny, -a, -e	bescheiden; einfach; schlicht	Monika jest skromna. Pierścionek jest ładny i skromny.
wąski, -a, -ie	schmal	modny wąski pasek
srebrny, -a, -e	silbern	srebrna bransoletka
zielony, -a, -e	grün	zielona sukienka
śliczny, -a, -e	schön, hübsch, niedlich	Ta srebrna bransoletka jest śliczna!
kosztowny, -a, -e	kostspielig, teuer, kostbar	Ten pierścionek jest kosztowny.
niewygodny, -a, -e	unbequem	niewygodny tapczan
miasto	Stadt	zabytkowe miasto
uroczy, -a, -e	wunderschön, reizend	uroczy pierścionek!
zadbany, -a, -e	gepflegt	zadbany ogród
zabytkowy, -a, -e	antik; historisch;	zabytkowa katedra
	alt, mit vielen Kunstdenkmälern	zabytkowe miasto
też	auch	Ta sukienka jest modna. Ten płaszcz też.

tylko	nur	To miasto jest nie tylko ładne, ono jest zabytkowe.
również	auch, ebenfalls	Irena jest miła. Ewa również.
podwórze	Hof (vor einem Wohnhaus)	Podwórze jest małe, ale jasne i ładne.
przedstawienie	Vorstellung	interesujące przedstawienie
katedra	Dom	zabytkowa katedra
kamienica	Mietshaus	ładna kamienica
rewia	Revue	wspaniała rewia
zamek	Schloß, Burg	zamek Wartburg
ogród	Garten	zadbany ogród
interesujący, -a, -e	interessant	interesujący film
fascynujący, -a, -e	faszinierend	fascynujące przedstawienie
nietypowy, -a, -e	nicht typisch	To mieszkanie jest nietypowe.
pomysłowy, -a, -e	originell, sinnreich, einfallsreich	pomysłowe przedstawienie Marek jest pomysłowy.
ciekawy, -a, -e	interessant neugierig	ciekawy film Ewa jest ciekawa, czy film jest interesujący.
zaskakujący, -a, -e	überraschend	zaskakujące przedstawienie
wspaniały, -a, -e	herrlich, prächtig	wspaniały zamek
przyjemny, -a, -e	angenehm	przyjemne mieszkanie

świetny, -a, -e	ausgezeichnet	Ten film jest świetny!
angielski, -a, -ie	englisch	angielski film
dobry, -a, -e	gut *(Adj.)*	dobry film
jaki, -a, -ie	wie welcher, -e, -es	Jaki jest ten film? – Czy ten film jest interesujący? – Jaki film?
czarnowłosy, -a, -e	schwarzhaarig	czarnowłose dziecko
rozwódka	geschiedene Frau	Ewa Dąbrowska to rozwódka.
tajemniczy, -a, -e	geheimnisvoll	tajemniczy zamek
blondyn	blonder Mann	Ten blondyn to Wojtek.
blondynka	blonde Frau	Anka to blondynka.
dramat	Drama	ciekawy dramat francuski
kryminał	Krimi	amerykański kryminał
zespół muzyczny	Musikgruppe	"Czerwone Gitary" to polski zespół muzyczny.
studentka	Studentin	Ta studentka to Iwona.
student	Student	Adam to dobry student.
walizka	Koffer	skórzana walizka
mgła	Nebel	Jest mgła.
parasol	Regenschirm	czarny parasol
deszcz	Regen	Dziś (heute) jest deszcz.
	es regnet	Pada deszcz.

ulewny deszcz	Platzregen	Dziś jest ulewny deszcz.
włoski, -a, -ie	italienisch	nowy film włoski
pasjonujący, -a, -e	spannend	pasjonujący dramat
nowoczesny, -a, -e	modern	nowoczesne mieszkanie
zakochany, -a, -e	verliebt	Beata jest zakochana.
biały, -a, -e	weiß	biała bluzka
awangardowy, -a, -e	avantgardistisch, sehr modern	muzyka awangardowa

Gramatyka

Adjektive – Zusammenstellung im Singular

Im Nominativ Singular haben die Adjektive folgende Endungen:

mask.	fem.	neutr.
-y: zielony, dobry	**-a:** zielona, dobra	**-e:** zielone, dobre
-i: (nach p, n, s): tani, głupi	**-ia:** tania, głupia	**-ie:** tanie, głupie
-i: (nach k, g): wysoki, drogi	**-a:** wysoka, droga	**-ie:** wysokie, drogie

Cwiczenia

1. Proszę ułożyć zdania:

a)

Płaszcz		brązowy, czarny, skórzany, tani, modny
Zamek		zabytkowy, stary, uroczy, wspaniały, piękny
Ogród	jest	zadbany, uroczy, mały, piękny, zielony
Profesor		roztargniony, uczynny, przystojny, miły, wysoki
Parasol		dobry, drogi, nowy, czarny, ciemny

b)

Studentka		inteligentna, muzykalna, wysoka, miła, ładna
Katedra		piękna, zabytkowa, wspaniała, interesująca
Sukienka	jest	modna, wełniana, tania, beżowa, biała
Bransoletka		droga, złota, srebrna, gustowna, kosztowna
Rewia		wspaniała, fascynująca, ciekawa, dobra, świetna

c)

Dziecko		małe, niespokojne, miłe, wrażliwe, lekkomyślne
Mieszkanie		nowe, zadbane, przytulne, ustawne, jasne
Miasto	jest	zabytkowe, urocze, piękne, nowoczesne, małe
Muzeum		interesujące, ciekawe, nietypowe, wspaniałe
Ubranie		wełniane, czarne, wygodne, modne, drogie

2. Proszę odpowiedzieć na pytania:

Jaki jest Bogdan? Jaki jest pierścionek? Jaki jest film? Jaki jest dramat? Jaki jest ogród?
Jaka jest torebka? Jaka jest wersalka? Jaka jest spódnica? Jaka jest walizka? Jaka jest studentka?
Jakie jest dziecko? Jakie jest miasto? Jakie jest mieszkanie? Jakie jest ubranie? Jakie jest palto?

3. Proszę uzupełnić odpowiednimi przymiotnikami (Ergänzen Sie mit passenden Adjektiven):

To ... ubranie jest ... Ta ... sukienka jest ... Ten ... płaszcz jest za ... Ten ... pasek jest za ... Ogród jest ... Dom nie jest ... Podwórze jest ... i ... Professor jest ..., ale ... Bogdan jest zawsze ... Ewa jest ... i ... Ta rewia jest bardzo ... Nowy ... film jest ... Ten parasol jest ... To mieszkanie jest ...

4. Proszę podać po kilka rzeczowników do każdego przymiotnika (Nennen Sie einige Substantive zu jedem Adjektiv):

sympatyczny, muzykalna, zdolne, nowy, miłe, wełniane, jedwabna, srebrna, kolorowy, tani, szeroki, skromna, przytulne, pomysłowa, zadbana, tajemniczy, skórzana, biały, amerykański, muzyczny, włoski

Lekcja 5

Beata: Dlaczego jesteś taki smutny (1)?
Adam: Nie jestem smutny (1), jestem zmęczony.

(1) zdenerwowany, niezadowolony

Słowniczek

dlaczego	warum	Dlaczego jesteś niecierpliwy?
jesteś	du bist	Czy jesteś zmęczona?
taki, -a, -ie	solcher *(Pron.)*	On jest taki roztargniony!
tak	so *(Adv.)*	
smutny, -a, -e	traurig	Dziecko jest smutne.
jestem	ich bin	Jestem zadowolony.
zmęczony, -a, -e	müde	Adam jest zmęczony.
zdenerwowany, -a, -e	aufgeregt	On jest zdenerwowany.
niezadowolony, -a, -e	unzufrieden	Dlaczego Ewa jest niezadowolona?

Gramatyka

Die Konjugation des Verbs być im Präsens Singular

(ja)	jestem	ich	bin
(ty)	jesteś	du	bist
on / ona / ono	jest	er / sie / es	ist

Achtung!

In der polnischen Sprache wird das Verb oft ohne Personalpronomen gebraucht; nur wenn Zweifel entstehen können bzw. wenn es um die Betonung der Person geht, ist das Personalpronomen erforderlich. So wird also meistens die 1. und die 2. Person ohne Pronomen gebraucht (es betrifft auch Pluralformen), die 3. dagegen meistens mit Pronomen oder Substantiv.

Beispiele:

Jestem bardzo zmęczona.	aber:	Bogdan jest zmęczony, a ja jestem zdenerwowana.
Czy jesteś zmęczony?	aber:	Ewa jest zmęczona. Ty też jesteś zmęczona.

Ćwiczenia

1. Proszę ułożyć zdania:

(ja)	jestem	zmęczony (-a), zdenerwowany (-a), smutny (-a), muzykalny (-a), zadowolony (-a), zdolny (-a), wysoki (-a), szczupły (-a), uczynny (-a), inteligentny (-a), miły (-a), cierpliwy (-a)
(ty)	jesteś	
Adam	jest	
Ela	jest	

2. Proszę uzupełnić zdania odpowiednimi formami czasownika "być" (Ergänzen Sie Sätze mit den entsprechenden Formen des Verbs "być"):

a) – Dlaczego ... niezadowolona?
   – Moja nowa spódnica ... za ciasna.
b) – Czy ... bardzo zmęczony?
   – Nie, nie ... zmęczony.
c) – Czy ta wersalka ... wygodna?
   – Tak, ona ... wygodna. ... zadowolona.

3. Proszę uzupełnić zdania odpowiednimi formami czasownika "być":

Marcin ... smutny. (ja) ... roztargniony. Dlaczego ... zdenerwowana? Ta sukienka ... za droga. To ... ciekawy film. (ja) ... niecierpliwa. (ty) ... bardzo miły.

4. Proszę podać antonimy (Nennen Sie Antonyme): zadowolony – ...; miły – ...; sympatyczny – ...; cierpliwa – ...; modna – ...; droga – ... (2 Möglichkeiten); jasne – ...; spokojne – ...; wąski – ...; wygodny – ...; typowe – ...; ciekawy – ...; nieprzyjemny – ...;

Lekcja 6

Pani Maliszewska: Przepraszam, czy pan jest lekarzem (1)?
Pan Krawczyk: Nie, nie jestem lekarzem (1). Jestem architektem (2). A pani?
Pani Maliszewska: Ja jestem urzędniczką (3).

(1) nauczycielem, inżynierem, dyrektorem
(2) chemikiem, kierowcą, robotnikiem
(3) sprzedawczynią, nauczycielką, pielęgniarką

Słowniczek

przepraszam	wörtl.: ich bitte um Entschuldigung	Przepraszam, czy ta sukienka jest wełniana?
pan	Herr in Anrede: Sie	pan Kowalski Czy pan jest lekarzem?
lekarz	Arzt	dobry lekarz
lekarka	Ärztin	Ona jest lekarką.
architekt	Architekt	Jestem architektem.
a	und (in Gegenüberstellung)	Karol jest nauczycielem, a Ewa lekarką.
pani	Frau in Anrede: Sie	pani Stawska Czy pani jest studentką?
urzędnik	Beamter, Angestellter	On jest urzędnikiem.
urzędniczka	Beamtin, Angestellte	dobra urzędniczka

nauczyciel	Lehrer	Piotr jest nauczycielem.
nauczycielka	Lehrerin	moja nauczycielka
inżynier	Ingenieur	Tadeusz jest inżynierem.
dyrektor	Direktor	dyrektor Kowalski
dyrektorka	Direktorin	To jest dyrektorka.
chemik	Chemiker	Czy jesteś chemikiem?
kierowca	Fahrer	On jest kierowcą.
robotnik	Arbeiter	dobry robotnik
sprzedawca	Verkäufer	Artur jest sprzedawcą.
sprzedawczyni	Verkäuferin	Nie jestem sprzedawczynią.
pielęgniarka	Krankenschwester	Nina jest pielęgniarką.

Gramatyka

1. Anrede

Im Polnischen werden Personen, mit denen wir nicht auf du und du sind, mit **pan** (Männer) bzw. **pani** (Frauen) angesprochen. Wenden wir uns gleichzeitig an mehrere Personen, heißt die Anrede **panowie** (nur Männer), **panie** (nur Frauen) oder **państwo** (beide Geschlechter). Für die Singularformen benutzt man das Verb in der 3. Person Singular.

Beispiele:

Czy pan jest lekarzem? Dlaczego pani jest taka smutna?

In der direkten Anrede wird das Substantiv im Vokativ (7. Fall) benutzt (Nachnamen behalten ihre Form im Vokativ).

Beispiele:
Pani Lewicka, czy pani jest lekarką?
Panie Kowalski, dlaczego pan jest zdenerwowany?
Pani Ewo, pani jest bardzo miła.
Panie Marku, czy pan jest studentem?

2. Deklination: Instrumental (narzędnik) Sing., alle Geschlechter

Im Polnischen gibt es 7 Kasus. Hier eine Übersicht:

Name des Kasus	Auf welche Frage antwortet der Kasus
mianownik (Nominativ)	kto? co? (wer? was?)
dopełniacz (Genitiv)	kogo? czego? (wessen?)
celownik (Dativ)	komu? czemu? (wem?)
biernik (Akkusativ)	kogo? co? (wen? was?)
narzędnik (Instrumental)	kim? czym? (mit wem? womit?)
miejscownik (Lokativ)	o kim? o czym? (über wen? worüber?)
wołacz (Vokativ)	wird bei Anruf, Anrede verwendet

Im Instrumental Singular erhalten alle weiblichen Substantive die Endung **-ą**; Neutra und die meisten Maskulina enden auf **-em**. Einige Maskulina enden auf **-ą**. Es sind diese, die sonst auch wie Feminina dekliniert werden, also Maskulina mit der Nominativendung **-a** (z. B. poeta – Dichter, cieśla – Zimmermann) und Familiennamen mit der Endung **-o** (z. B. Jagiełło).
Eine Ausnahme bilden Neutra auf **-um**, die im Singular keine Deklinationsendungen bekommen.

3. Gebrauch des Instrumentals

- Der Instrumental bezeichnet am häufigsten ein Werkzeug, mit dessen Hilfe die durch das Verb bezeichnete Tätigkeit ausgeführt wird:
  pisać **długopisem** (mit einem Kugelschreiber schreiben)
  jechać **pociągiem** (mit einem Zug fahren)
- Oft ist das Substantiv im Instrumental Bestandteil des nominalen Prädikats:
  Mój brat jest **nauczycielem**. (Mein Bruder ist Lehrer.)
  Ona zostanie **lekarką**. (Sie wird Ärztin.)
- Andere Möglichkeiten für den Gebrauch des Instrumentals:
  a. zeitliche Bestimmung des Vorgangs: **wieczorami** oglądam telewizję (abends sehe ich fern)
  b. Art und Weise des Vorgangs: z. B. iść **krokiem marszowym** (im Marschschritt gehen)
  c. Ursache der Tätigkeit: zachwycać się **wierszem** (begeistert sein über ein Gedicht)
  d. Objekt der Tätigkeit: handlować **owocami** (mit Obst handeln)

Ćwiczenia

1. Proszę odpowiedzieć według wzoru:

Kim jesteś?	(kierowca) → Jestem kierowcą.
Kim jesteś?	(lekarz, chemik, nauczycielka, student)
Kim pan jest?	(dyrektor, inżynier, architekt, urzędnik)
Kim pani jest?	(pielęgniarka, sprzedawczyni, lekarka)
Kim jest pan Wolski?	(robotnik, profesor, chemik)
Kim jest pani Stawska?	(nauczycielka, pielęgniarka)

2. Proszę uzupełnić według wzoru:

Pan Bogucki jest lekarzem. – Pani Wolska jest lekarką.
Pan Bogucki jest: architektem, urzędnikiem, nauczycielem, robotnikiem, dyrektorem, sprzedawcą, kierowcą, chemikiem, inżynierem

3. Proszę odpowiedzieć na pytania:

1. Kim pan jest? (architekt) 2. Kim jest pani Markowska? (nauczycielka) 3. Kim jest Ewa? (studentka) 4. Kim jesteś? (urzędniczka) 5. Kim jest pan Szymański? (lekarz) 6. Kim jest Marek? (robotnik) 7. Kim jest pan Romański? (sprzedawca) 8. Kim jest pani Adamiak? (sprzedawczyni) 9. Kim pani jest? (inżynier) 10. Kim on jest? (kierowca)

4. Proszę przetłumaczyć na polski (Übersetzen Sie ins Polnische):

1. Herr Bogucki ist Arzt. 2. Mein Vetter ist Arbeiter. 3. Monika ist Studentin. 4. Ich bin Ingenieur. 5. Was bist du? 6. Ist er Fahrer? 7. Herr Krawczyk ist Direktor. 8. Herr Kowalski, was sind Sie? 9. Mein Bruder ist Verkäufer. 10. Sind Sie Krankenschwester?

Lekcja 7

Marek: Czy wy też jesteście studentami (1)?
Artur i Janusz: Tak, jesteśmy studentami (1).
Marek: A Ewa i Dorota?
Janusz: One nie są studentkami (2), one są urzędniczkami (3).

(1) kajakarzami, gitarzystami, robotnikami
(2) kajakarkami, gitarzystkami, robotnicami
(3) wioślarkami, piosenkarkami, fryzjerkami

Słowniczek

wy	ihr	To wy?!
one	sie (Pl., Sachform)	Ewa i Dorota nie są studentkami. One są pielęgniarkami.
kajakarz	Kanusportler	Czy Marek jest kajakarzem?
gitarzysta	Gitarrist	On jest gitarzystą.
wioślarz	Ruderer	Henryk jest wioślarzem.
piosenkarz	Schlagersänger	Iwona jest piosenkarką.
fryzjer	Friseur	To jest dobry fryzjer.

1. Präsens des Verbs być-Pluralformen

(my)	jesteśmy	wir sind
(wy)	jesteście	ihr seid
oni, one	są	sie sind

Das Personalpronomen **oni** bezieht sich nur auf männliche Personen, das Pronomen **one** auf alle anderen Substantive.

2. Plural der Substantive-Nominativ und Instrumental

Im Plural unterscheiden wir zwischen den sog. Personalformen und den Sachformen. Personale Substantive sind alle Substantive, die männliche Personen bezeichnen. Alle anderen Substantive sind nichtpersonal (Sachformen).

Im Nominativ haben die personalen Substantive folgende Endungen:

1. **-owie** bei Titeln, Bezeichnungen einer Würde (profesor-profesorowie), bei den meisten Verwandten (syn-synowie), bei Familiennamen (außer auf **-y**, **-i**), Vornamen, manchen Nationalitäten, bei Substantiven auf **-ek**, sowie bei einigen anderen Substantiven.
2. **-i**/**-y** ist die Endung hartstämmiger Substantive, die zu keiner der o. g. Gruppen gehören. Diese Endung bekommen auch weichstämmige Substantive auf **-ec**. Die letzten Substantive bilden den Plural mit der Endung **-y**: chłopiec (Junge) – chłopcy, ślepiec (Blinder) – ślepcy. Die Endung **-y** tritt noch nach funktional weichen (k, g, r), **-i** nach phonetisch weichen Konsonanten auf.

Die Endung **-i/-y** ruft Lautwechsel im Stamm hervor:
– Konsonantenwechsel hart-weich: student – studenci, kuzyn – kuzyni

-k-c, g-dz, r-rz: kierownik (der Leiter) – kierownicy, biolog – biolodzy, fryzjer – fryzjerzy

– Vokalwechsel **a-e, o-e** (selten)

3. weichstämmige Substantive, die zu den o. g. Gruppen nicht gehören, erhalten die Endung **-e**: nauczyciel – nauczyciele, lekarz – lekarze

Im Instrumental haben die personalen Substantive die Endung **-ami** (in seltenen Fällen **-mi**). Manche Substantive bilden ihre Formen unregelmäßig.
Nichtpersonale Substantive enden im Nominativ auf **-y/-i** oder **-e** (das gilt für Substantive, die im Singular männlich bzw. weiblich waren) und auf **-a** (im Singular sächlich).

1. Die Endung **-y/-i** ist für die hartstämmigen Maskulina und Feminina charakteristisch (nach **k, g** die Endung **-i**). Diese Endung erhalten auch weichstämmige Feminina, die auf Konsonanten enden (vor allem auf **-ść**).
2. Die Endung **-e** haben alle weichstämmigen Maskulina und weichstämmigen Feminina, die nicht unter 1. genannt worden sind.
3. Alle Neutra enden auf **-a**.

Im Instrumental enden die Substantive in der Regel auf **-ami**. Bei Substantiven, die im Singular auf einen phonetisch weichen Konsonanten enden, kommt die Endung **-mi** vor.

Ćwiczenia

1. Proszę ułożyć zdania:

(my)	jesteśmy	studentami, lekarzami, kajakarzami, robotnikami, sprzedawczyniami, fryzjerkami, studentkami, urzędniczkami, architektami, kierowcami, dyrektorami, pielęgniarkami, piosenkarkami
(wy)	jesteście	
oni	są	
one	są	

2. Proszę odpowiedzieć na pytania:

Kim są Marek i Artur? (studenci) Kim są pan Kowalski i pan Walczak? (lekarze) Kim są Adam i Jacek? (nauczyciele) Kim są pani Kwiatkowska i pan Malinowski? (architekci) Kim są Dorota i Wojtek? (kajakarze) Kim są Ewa i Iwona? (fryzjerki) Kim są Magda i Ela? (studentki) Kim są pani Lipska i pani Bielecka? (pielęgniarki)

3. Proszę odpowiedzieć według wzoru:

Czy Marek i Wojtek są gitarzystami? (piosenkarze) – Nie, oni są piosenkarzami.

Czy Tomasz i Paweł są robotnikami? (inżynierowie) Czy Janusz i Karol są lekarzami? (sprzedawcy) Czy Hanka i Dorota są studentkami? (nauczycielki) Czy pani Marczak i pani Chojnowska są lekarkami? (pielęgniarki) Czy Teresa i Daniel są architektami? (chemicy)

4. Proszę utworzyć liczbę mnogą (Bilden Sie Pluralformen):

a. lekarz, wioślarz, nauczyciel, piosenkarz
b. profesor, syn, Marczak, Stefan, dyrektor, inżynier
c. kierowca, student, chłopiec, kuzyn, fryzjer, kierownik
d. studentka, fryzjerka, sukienka, wersalka, film, dramat
e. parasol, płaszcz, spódnica

f. mieszkanie, miasto, muzeum, przedstawienie, ubranie

Merken Sie sich: Unregelmäßige Pluralformen bilden unter anderem:
dziecko – dzieci; brat – bracia;

5. Proszę przetłumaczyć na polski:

Mein Bruder und mein Freund sind Studenten. Ewa und Dorota sind keine Studentinnen, sie sind Verkäuferinnen. Frau Kownacka und Herr Dobrowolski sind Lehrer. Seid ihr Studenten? Nein, wir sind Ingenieure.

Lekcja 8

Magda: Iwona (a) jest bardzo miła (1).
Marcin: Nie tylko Iwona (a). Wojtek (b) również.
Magda: Masz rację. Oni oboje są bardzo mili (2).

(a) Hanka, Teresa, Ewa
(b) Jacek, Bogdan, Karol
(1) sympatyczna, uprzejma, elegancka
(2) sympatyczni, uprzejmi, eleganccy

Słowniczek

masz	du hast	Czy masz nowe mieszkanie?
racja	Recht	Masz rację.
oboje	beide (nur wenn beide sächlich bzw. unterschiedlichen Geschlechtes sind)	To Ewa i Tomasz. Oboje są studentami.
obaj	beide (nur zwei Männer)	obaj panowie
oba	beide (männlich o. sächlich, jedoch keine Menschen)	oba pierścionki
obie	beide (weiblich)	obie lekarki

Gramatyka

Adjektive – Nominativ Plural, Personalformen

Im Plural hat das Adjektiv nur 2 Genera. Die Teilung in die Genera im Plural unterliegt denselben Regeln wie bei

Substantiven. Personale Adjektive erhalten im Nominativ die Endungen **-y** oder **-i**, nichtpersonale **-e**.
Viele Familiennamen werden wie Adjektive dekliniert. Es sind Namen, die auf **-i/-y** enden, z. B.: Kowalski – Kowalska – Kowalscy, Bogucki – Bogucka – Boguccy

Sg. mask.	Plur. pers.	Plur. sach.
zdolny	zdolni	zdolne
głupi	głupi	głupie
wysoki	wysocy	wysokie
dobry	dobrzy	dobre
elegancki	eleganccy	eleganckie

In vielen Fällen findet ein Konsonantenwechsel statt.
- Der Wechsel vom harten zum weichen Konsonanten:
  nowy – nowi, zdolny – zdolni, biały – biali
- Der Wechsel r:rz; k:c; g:dz; ch:ś; ż:ź
  wysoki – wysocy, drogi – drodzy
- Der Vokalwechsel o:e (bei Adjektiven auf -ony):
  roztargniony – roztargnieni

Ćwiczenia

1. Proszę utworzyć zdania:

Wojtek i Bogdan		mili, uprzejmi, sympatyczni, smutni,
Oni		roztargnieni, zmęczeni, inteligentni,
Ewa i Michał	są	uczynni, lekkomyślni, eleganccy,
Teresa i Karol		muzykalni, przystojni, szczupli,
Państwo Kowalscy		cierpliwi, wysocy

2. Proszę odpowiedzieć na pytania:

Jacy (wie) są Teresa i Wojtek? Jacy są Hanka i Jacek? Jacy są Iwona i Bogdan? Jacy są Ewa i Karol? Jacy są Marcin i Adam?

3. Proszę utworzyć zdania według wzoru:

Ewa jest sympatyczna. Karol ... Karol też jest sympatyczny. Oni oboje są sympatyczni.
Hanka jest miła. Artur ... Dorota jest zdolna. Andrzej ... Pani Wolska jest elegancka. Pan Wolski ... Krystyna jest wysoka. Tomasz ...

4. Proszę odpowiedzieć na pytania:

Kto jest miły? (pani Złotowska i pan Szymczak) Kto jest sympatyczny? (Irena i Piotr) Kto jest nieuprzejmy? (Wojtek i Sławek) Kto jest roztargniony? (Dorota i Jurek) Kto jest lekkomyślny? (synowie) Kto jest przystojny? (Tomasz i Janusz) Kto jest wysoki (Paweł i Michał) Kto jest muzykalny? (Teresa i Andrzej)

Lekcja 9

Pani Piotrowska: Hanka (a) jest strasznie nieporządna (1).
Pani Janocka: Dziewczęta w jej wieku często są nieporządne (2).

(a) Jola, Agnieszka, Wanda
(1) roztargniona, niecierpliwa, nerwowa
(2) roztargnione, niecierpliwe, nerwowe

Słowniczek

strasznie	furchtbar	On jest strasznie lekkomyślny.
nieporządny, -a, -e	unordentlich	Hanka jest nieporządna.
dziewczęta *(Pl.)*	Mädchen (Die Singularform "dziewczę" wird immer seltener gebraucht, sie ist schon veraltet. Dafür gibt es andere Singularformen)	Te (diese) dziewczęta są muzykalne.
dziewczyna (*Pl.* dziewczyny)	Mädchen (kein kleines Mädchen)	Ta dziewczyna jest roztargniona.
dziewczynka (*Pl.* dziewczynki)	kleines Mädchen	miłe dziewczynki
wiek	hier: Alter	Dziewczęta w jej wieku często są lekkomyślne.
w jej wieku	in ihrem Alter	

często	oft	Często jestem zmęczony.
nerwowy, -a, -e	nervös	nerwowe dziecko

Gramatyka

Adjektive – Nominativ Plural, Sachformen

Die Pluralform der nichtpersonalen Adjektive hat im Nominativ die Endung **-e**. Ähnlich wie bei den personalen Adjektiven tritt auch hier öfter ein Konsonantenwechsel auf.

Ćwiczenia

1. Proszę utworzyć zdania:

a) Pani Małecka i pani Sikorska Zosia i Teresa Dzieci Irena i Wanda Dziewczęta	są	miłe, niecierpliwe, uprzejme, nerwowe, roztargnione, sympatyczne, inteligentne, zmęczone, spokojne, wrażliwe, zdolne, lekkomyślne, uczynne
b) Te sukienki Te płaszcze Te bluzki Te spódnice	są	modne, eleganckie, tanie, drogie, białe, niebieskie, niemodne, gustowne, kolorowe, zbyt drogie, za ciasne, nieładne, bawełniane, wełniane, za jasne

2. Proszę utworzyć liczbę mnogą (Bilden Sie den Plural):

Ta niebieska sukienka jest bardzo ładna. To małe dziecko jest muzykalne. Ten angielski film nie jest interesujący. Ta dziewczyna jest bardzo nerwowa. Ta jedwabna sukienka jest ładna, ale za droga. Ta skórzana torebka jest elegancka. Ten czarny pasek jest za szeroki. To nowe mieszkanie jest ustawne. Moje nowe ubranie jest bardzo wygodne.

3. Proszę uzupełnić:

Ci (diese, Personalform) panowie są zdolni. Te panie też ...
Janusz i Karol są muzykalni. Ewa i Halina ...
Wojtek i Jacek są lekkomyślni. Iwona i Magda ...
Państwo Wolscy są uczynni. Ich (ihre) dzieci ...

4. Proszę podać po trzy odpowiedzi (Nennen Sie je 3 Antworten):

Jakie są te sukienki? Jakie są te pierścionki? Jakie są te miasta? Jakie są te dzieci? Jakie są te filmy? Jakie są Ala i Dorota? Jakie są te paski? Jakie są te wersalki? Jakie są te torebki? Jakie są te walizki?

Lekcja 10

Magda: Mamy nowe mieszkanie.
Ela: Gdzie teraz mieszkacie?
Magda: Mieszkamy na Ursynowie (1).
Ela: Podobno Wanda (2) i Jacek (3) też tam mieszkają.
Magda: Nie, Wanda (2) jeszcze mieszka w Rembertowie (4).
Ela: Jesteś pewna?
Magda: Tak, wiem dobrze. A ty gdzie mieszkasz? Jeszcze na Ochocie (5)?
Ela: Nie, teraz mieszkam w Śródmieściu (6).

(1) Mokotowie, Pradze, Powiślu
(2) Ewa, Monika, Agnieszka
(3) Jurek, Michał, Piotr
(4) Raszynie, Zielonce, Legionowie
(5) Grochowie, Kole, Marymoncie
(6) centrum, Marysinie, Ursusie

Słowniczek

mieć (ja mam, ty masz)	haben	Mam ciekawy kryminał.
gdzie	wo	Gdzie mieszkasz?
teraz	jetzt	Teraz jestem w Warszawie.
mieszkać	wohnen	Mieszkam w Krakowie.
podobno	wohl, vermutlich	On jest podobno nerwowy.
tam	dort, dorthin	Tam mieszka Renata.

jeszcze	noch	On jest jeszcze studentem.
pewny, -a, -e (*mask.* auch pewien)	sicher	Nie jestem pewna.
wiedzieć (ja wiem)	wissen	Nie wiem, gdzie mieszkacie.
dobrze	gut *(Adv.)*	Tam jest dobrze.

Ursynów, Rembertów, Ochota, Śródmieście, Mokotów, Praga, Powiśle, Grochów, Koło, Marymont, Marysin, Ursus sind Stadtteile und Wohngebiete in bzw. am Rande von Warszawa;
Raszyn, Zielonka, Legionowo – Ortschaften in der Nähe von Warszawa.

na	auf	na Mokotowie
w	in	w Rembertowie

Handelt es sich um Stadtteile und kleinere Wohngebiete innerhalb einer Stadt, wird meistens die Präposition **na** gebraucht, sonst benutzt man bei allen Ortsangaben, die im Deutschen durch die Präposition **in** ausgedrückt werden, die Präposition **w**. Viele (immer mehr) Wohngebiete werden aber doch mit **w** statt **na** angegeben – es handelt sich hier um Wohngebiete, die vor kurzem selbständige Städte oder Dörfer waren.

Gramatyka

1. Konjugationsgruppen III und IV Präsens

Zur Konjugationsgruppe III gehören Verben, deren Stamm auf **-a** endet. Bei der Stammendung **-e** handelt es sich um die Gruppe IV. Konjugationsendungen sind gleich:

Singular:	Plural:
-m	-my
-sz	-cie
-Ø	-ą

Beispiele:

Gruppe III: **mieszkać**

(ja)	mieszkam	(my)	mieszkamy
(ty)	mieszkasz	(wy)	mieszkacie
on, ona, ono	mieszka	oni, one	mieszkają

Gruppe IV: **umieć** (können)

(ja)	umiem	(my)	umiemy
(ty)	umiesz	(wy)	umiecie
on, ona, ono	umie	oni, one	umieją

Der Stamm wird nur in der 3. Person Plural durch **j** erweitert.
Achtung! Einige Verben der Gruppe III weisen einen Lautwechsel im Stamm auf. Es sind die Verben:

mieć (haben)	**jeść** (essen)	**wiedzieć** (wissen)
mam	jem	wiem
masz	jesz	wiesz
ma	je	wie
mamy	jemy	wiemy
macie	jecie	wiecie
mają	jedzą	wiedzą

2. Höflichkeitsformen

Die Höflichkeitsformen sind wie folgt zu bilden:

a) Eine Person wird mit **pan** bzw. **pani** angesprochen, dazu kommt das Verb in der 3. Person Singular:
Czy pani mieszka w Krakowie? Czy pan wie, gdzie mieszkają Kowalscy?

b) Mehrere Personen werden mit **państwo**, **panowie** oder **panie** angesprochen. Das Verb steht in der 3. oder 2. Person Plural:
Czy panowie mieszkają (mieszkacie) na Mokotowie?
Czy państwo mają (macie) dzieci?

3. Lokativ (miejscownik) Singular

3.1. Maskulina

Im Lokativ erhalten die männlichen Substantive die Endung **-u** bzw. **-e**. Die Endung **-u** haben die weichstämmigen Substantive und zusätzlich Substantive, die auf **-g**, **-k**, **-ch** enden. Beispiele: liść (Blatt) – o liściu, mąż (Ehemann) – o mężu, Gdańsk – w Gdańsku, róg (Ecke; Horn) – rogu. Die Endung **-e** haben alle anderen hartstämmigen Substantive; Mokotów – na Mokotowie, Marcin – o Marcinie, las (Wald) – w lesie. Eine Ausnahme bilden die Substantive dom (Haus), pan, syn. Sie haben im Lokativ die Endung **-u**.

Makulina auf **-o** erhalten die Endungen:
-u wenn es sich um Koseformen handelt: Jasio – o Jasiu
-e, wenn es um Familiennamen geht: Kościuszko – o Kościuszce (hier Konsonantenwechsel, z. B. r/rz, k/c, łł/ll).

3.2. Feminina

Die weiblichen Substantive erhalten im Lokativ folgende Endungen:
-e, wenn es um hartstämmige Substantive geht, die im Nom. Sg. auf **-a** enden. Der harte Konsonant wird dabei weich, die harten Velaren (k, g, ch) und r werden zu c, d, sz, rz. In einigen Substantiven tritt auch der Vokalwechsel **a/e** auf.

Beispiele:
sukienka – sukience, dziewczyna – dziewczynie, Magda – Magdzie;
-y/-i tritt bei weichstämmigen Substantiven auf, sowie bei Substantiven, die auf einen Konsonanten enden.

Beispiele:
Zosia – Zosi, spódnica – spódnicy, pani – pani, przyjaźń (Freundschaft) – przyjaźni, noc (Nacht) – nocy.

Anmerkungen:

1. Feminina, die im Nom. Sg. auf einen Konsonanten enden, weisen verschiedene Lautwechsel auf.

Beispiele:
march**ew** (Mohrrübe) – march**wi**, **Łódź** – **Łodzi**, **gałąź** – **gałęzi**.

2. Maskulina, die auf **-a** enden, erhalten im Lok. Sg. die femininen Endungen.

3.3. Neutra

Der Lokativ der Neutra hat die Endung **-u** (bei weichstämmigen Substantiven und Substantiven mit dem Stammauslaut -k, -g, -ch) oder die Endung **-e** (bei hartstämmigen). Die Endung -e ruft denselben Konsonantenwechsel hervor wie bei den konsonantisch auslautenden Maskulina. Bei den meisten Substantiven gibt es auch den Vokalwechsel **a/e**.

Beispiele:
dziecko – o dziecku; zdanie – o zdaniu; Legionowo – w Legionowie;
Neutra, die auf -um enden, werden im Singular nicht dekliniert:
muzeum – w muzeum; konserwatorium – w konserwatorium.

Ćwiczenia

1. Proszę utworzyć zdania:

(ja)	Mieszkam	w Warszawie, w Ursusie,
(ty)	Mieszkasz	w Berlinie, w Legionowie,
Paweł		w centrum, w Erfurcie, w
Ewa	mieszka	Magdeburgu, w Polsce, w
Mój szwagier		Gdańsku, na Ochocie, na
(my)	Mieszkamy	Pradze, na Kole, na Grocho-
(wy)	Mieszkacie	wie, na Ursynowie, na Mary-
Kowalscy		moncie, na Powiślu, w Kra-
Teresa i Jurek	mieszkają	kowie, we Wrocławiu, w
		Halle, w Görlitz, w mieście,
		w śródmieściu

2. Proszę odpowiedzieć na pytania:

Gdzie mieszka pan Kowalski? Gdzie pan/pani mieszka? Gdzie mieszkacie? Gdzie mieszkają Helga i Wolfgang? Gdzie mieszkasz?

3. Proszę uzupełnić zdania odpowiednimi formami czasowników w nawiasach (Ergänzen Sie die Sätze mit den entsprechenden Formen der eingeklammerten Verben):

(ja) ... Marian Dąbrowski. (nazywać się – heißen) (ty) ... w Krakowie. (mieszkać) Podobno Artur ... nowe mieszkanie w Warszawie. (mieć) (my) ..., Pawlakowie już nie ... w Ursusie. (wiedzieć; mieszkać) Czy wy ..., jak ... ten lekarz? (wiedzieć; nazywać się) Czy państwo ..., gdzie ... pan Adam Karczewski? (wiedzieć, mieszkać) (ja) Nie ... (rozumieć). Gdzie ... Paweł? (mieszkać) (ja) ..., czy ty ... Ewa Podolska? (przepraszać, nazywać się) (ja) ... Podolska nazywa się, ale nie ... (mieć) na imię (Vorname) Ewa. ... na imię Iwona. (mieć).

4. Proszę podać nazwy dzielnic i miast w miejscowniku i nie zapomnieć o przyimkach (Nennen Sie die Stadtteile und Städte im Lokativ. Vergessen Sie die Präpositionen nicht.)

Pani Czerwińska mieszka (Kraków). Mój chłopak mieszka (Mokotów). Ja nie mieszkam (Śródmieście), ale (Ursynów). Przepraszam, czy pan mieszka (Berlin)? Mieszkamy (Marymont). Czy jeszcze mieszkacie (Gdynia)? Ewa mieszka (centrum), a Jola (Ochota). On ma mieszkanie (Kraków), ale teraz mieszka (Łódź). Mamy nowe mieszkanie (Magdeburg). Kuzynka Monika mieszka (Erfurt).

5. Proszę przetłumaczyć (Übersetzen Sie):

Irena ist meine Kusine. Sie wohnt in Szczecin. Sie hat dort eine neue Wohnung. Die Wohnung ist klein, aber sehr gemütlich. Mein Bruder wohnt nicht in Szczecin, er wohnt in Łódź. Er ist Student.

Lekcja 11

Marek: Czy masz rodzeństwo?
Andrzej: Tak, mam młodszą siostrę i starszego brata. A ty?
Marek: Ja mam tylko siostrę. Ma na imię Agnieszka (1).
Andrzej: Prawda, znam Agnieszkę (2).
Marek: Skąd?
Andrzej: Jest często w klubie.
Marek: To pewnie znasz również Ewę (3) Skalską (a), Romka (4) Skalskiego (b) i Krzysztofa (5) Biernackiego (c)?
Andrzej: Tak, znam. Ewa (6) ma ładny, długi warkocz, Romek (7) ma piegowatą twarz, a Krzysztof (8) nosi brodę.
Marek: A czy wiesz, że Ewa (6) i Romek (7) mają małe dziecko?
Andrzej: Tak, podobno mają półroczną córeczkę.

(1) Joanna, Teresa, Renata
(2) Joannę, Teresę, Renatę
(3) Mariolę, Zosię, Hankę
(4) Tomka, Jurka, Witka
(5) Stefana, Roberta, Michała
(6) Mariola, Zosia, Hanka
(7) Tomek, Jurek, Witek
(8) Stefan, Robert, Michał
(a) Piotrowską, Lewicką, Borowicz
(b) Piotrowskiego, Lewickiego, Borowicza
(c) Sikorskiego, Adamskiego, Kowalczyka

Słowniczek

rodzeństwo	Geschwister	Czy masz rodzeństwo?
młodszy, -a, -e	jünger	Mój brat jest młodszy.
siostra	Schwester	To jest moja siostra.
imię	Vorname	Jak masz na imię?
mam na imię …	mein Vorname ist …	On ma na imię Marcin.
prawda	Wahrheit; es ist wahr; es stimmt	To prawda. To nieprawda.
znać	kennen	Znam Agnieszkę i Marka.
skąd	woher	Skąd pan jest?
często	oft	Ewa jest często zdenerwowana.
klub	Klub	Mój brat jest w klubie.
to	hier: also	
pewnie	sicher, wohl	Pan jest pewnie z Berlina? (aus Berlin)
długi, -a, -ie	lang	Ta sukienka jest za długa.
warkocz	Zopf	Ta dziewczynka ma warkocze.
twarz	Gesicht	Ona ma ładną twarz.
piegowaty, -a, -e	sommersprossig	Krystyna jest piegowata.
nosić	tragen	Jacek nosi skórzany płaszcz.
broda	Bart (kein Schnurrbart)	Czy Karol nosi brodę?

półroczny, -a, -e	halbjährig	półroczne dziecko
córeczka	Töchterchen	Moja córeczka ma na imię Karolina.
córka	Tochter	Moja córka jest studentką.

Gramatyka

1. Akkusativ Singular der Substantive

1.1. Maskulina

Konsonantisch auslautende Maskulina erhalten im Akk. Sg. die Endung **-a**, falls sie Lebewesen bezeichnen. In anderen Fällen ist der Akkusativ gleich dem Nominativ.

Beispiele:

To jest **pan Marek Stasiak**. Znam **pana Marka Stasiaka**.
To jest mój **ogród**. Mam **ogród**.

In Substantiven auf **-ek**, **-ec** (auch in vielen auf -eł, -el, -er, -eń und manchen anderen) tritt der Vokalwechsel **e:Ø** auf.

Maskulina mit **-o** im Auslaut haben im Akk. Sg. entweder **-a** (Koseformen: Kazio – Kazia) oder **-ę** (Familiennamen: Kościuszko – Kościuszkę). Maskulina auf **-a** enden im Akk. Sg. auf -ę.

1.2. Feminina

Alle auf einen Vokal auslautenden Feminina enden im Akk. Sg. auf -ę, außer **pani** (Akk. panią).

Beispiele:

Monika – Monikę; Basia – Basię; gospodyni – gospodynię (Wirtin).

Feminina, die auf einen Konsonanten enden, haben im Akk. Sg. dieselbe Form wie im Nom. Sg.

Beispiel:
To jest piękna pieśń. (Lied) – Znam piękną pieśń.

1.3. Neutra

Der Akkusativ der Neutra ist stets identisch mit dem Nominativ.

Beispiel:
To jest moje **dziecko**. Mam **dziecko**.

Anmerkung:
Familiennamen auf **-ski**, **-cki** und manche adjektivischen Namen werden wie Adjektive dekliniert! Auch andere Substantive (Maskulina auf **-y/-i** und einige geographische Namen) haben adjektivische Deklinationsendungen.

2. Akkusativ Singular der Adjektive

2.1. Maskulina

Ist das durch das Adjektiv bestimmte Substantiv unbelebt, hat das Adjektiv im Akk. Sg. die gleiche Endung wie im Nom. Sg.:
Ten pasek jest **wąski**. Mam **wąski** pasek.
Ist das Substantiv belebt, bekommt das Adjektiv im Akk. Sg. die Endung -ego:
Mój brat jest **przystojny**. Mam **przystojnego** brata.

2.2. Feminina

Weibliche Adjektive erhalten im Akk. Sg. immer die Endung **-ą**: **nowa** sukienka – Ewa ma **nową** sukienkę.

2.3. Neutra

Neutra haben im Akk. Sg. die Endung des Nom. Sg., also **-e/-ie**. **małe** dziecko – Oni mają **małe** dziecko.

Ćwiczenia

1. Proszę ułożyć zdania:

a.

Ewa		Warszawę
Roman		Kraków
Hanka	zna	to miasto
Pan Bielski		Irenę
Pani Nowak		Bogdana
Dyrektor		to dziecko

b.

Tomek		młodsze rodzeństwo
Iwona		starszego brata
Dziecko		zdolną siostrę
Hanka	ma	modny płaszcz
Jola		skórzaną walizkę
Bartek		nowe mieszkanie
Adam		ciepłe wełniane palto

2. Proszę uzupełnić rzeczownikami i przymiotnikami z nawiasów:

a. Ewa ma (młodsza siostra). Pan Kowalczyk zna (Agnieszka Szpakowska). Czy znasz (pani Marta Jodłowska)? Wanda ma (modna beżowa spódnica). Jurek zna (Elżbieta Borowiak).

b. Czy znasz (Stare Miasto) w Warszawie? Państwo Raczkowscy mają (małe dziecko). Mam (dobre miejsce) w teatrze. Wojtek już rozumie (trudne zadanie). Ja już znam to (interesujące przedstawienie).

c. Pan Górski ma (nowy samochód). Hanka już zna (nowy angielski film). Mam (francuski koniak). Helena ma (elegancki złoty pierścionek). Państwo Lubiccy mają (duży dom i piękny ogród).

d. To dziecko ma (starszy brat). Hanka zna (Jacek Płoński i Michał Królak). Beata ma (dobry ojciec). Pan Bartos ma (lekkomyślny syn). Irena ma (sympatyczny szwagier).

e. Dyrektor Kozłowski ma (nowa sekretarka, pani Barbara Zakrzewska). Pani Barbara bardzo dobrze zna (język angielski) i trochę (niemiecki i włoski). Czy ty też znasz (pani Barbara)?
Pani Stawska ma (małe dziecko). Dziecko jest chore. Ono ma (angina). Dobrze znam (Monika Wachowiak). Monika lubi (teatr, kino, opera i balet). Pan Piotrowski ma (nowy samochód). Ma również (nowe mieszkanie i nowa żona). Jacek rozumie (nauczyciel) i (trudne zadanie). On zna (matematyka) i zda dobrze (egzamin).

Zusätzliche Vokabeln:

chory, -a, -e	krank
lubić	mögen, gern haben (ja lubię)
samochód	Auto, Wagen („auto" wird im Polnischen viel seltener als im Deutschen gebraucht)
żona	Ehefrau
trudny, -a, -e	schwierig
zadanie	Aufgabe
zdać	(eine Prüfung) bestehen (nur vollendet!)
język	hier: Sprache
niemiecki, -a, -ie	Deutsch
włoski, -a, -ie	Italienisch
angielski, -a, -ie	Englisch

3. Proszę odpowiedzieć na następujące pytania (Beantworten Sie folgende Fragen):

Jak się Pan (Pani) nazywa? Jak Pan (Pani) ma na imię? Kim Pan (Pani) jest? Gdzie Pan (Pani) mieszka? Jakie mieszkanie ma Pan (Pani)? Czy ma Pan (Pani) dzieci? Co Pan (Pani) lubi?

4. Proszę opowiedzieć o swoich przyjaciołach lub krewnych. Pytania i odpowiedzi z ćw. 3 mogą w tym pomóc.

Lekcja 12

Magda: Czy znasz dyrektora (1) Kowalewskiego (2)?
Iwona: Nie, nie znam dyrektora (1) Kowalewskiego (2). Znam jednak panią Elżbietę Kowalewską (3). To żona dyrektora (1).
Magda: Ja nie znam pani Kowalewskiej (4). Ona jest podobno kuzynką Moniki (5) Januszewicz (6), prawda?
Iwona: Nie, żona dyrektora (1) jest siostrą Marka (7) Januszewicza (8), męża Moniki (5).
Magda: A czy znasz numer telefonu pani Kowalewskiej (4)?
Iwona: Niestety nie znam jej numeru telefonu, ale znam jej adres.
Magda: Czy to daleko od centrum?
Iwona: Tak, ona mieszka na przedmieściu, blisko Jeziora Głębokiego (9).

(1) doktora, profesora, inżyniera
(2) Pawlickiego, Jabłońskiego, Adamskiego
(3) Pawlicką, Jabłońską, Adamską
(4) Pawlickiej, Jabłońskiej, Adamskiej
(5) Ireny, Wandy, Beaty
(6) Zając, Pietrzak, Stefańczyk
(7) Adama, Ryszarda, Mariana
(8) Zająca, Pietrzaka, Stefańczyka
(9) Długiego, Białego, Błękitnego

Słowniczek

jednak	jedoch	Wanda studiuje (studiert) w Warszawie, mieszka jednak w Zielonce.

kuzynka	Kusine	Moja kuzynka ma na imię Agata.
mąż	Ehemann	Mój mąż jest inżynierem.
numer telefonu	Telefonnummer	Tu jest mój numer telefonu.
adres	Adresse	A to mój adres.
daleko	weit	To daleko od Warszawy.
przedmieście	Vorstadt	Mieszkam na przedmieściu.
blisko	in der Nähe; unweit	Ewa mieszka blisko uniwersytetu.
jezioro	der See	małe jezioro
głęboki, -a, -ie	tief	To jezioro jest głębokie. (Dieser See ist tief) To jest Jezioro Głębokie. (Das ist der Tiefe See)
błękitny, -a, -e	hellblau	Mam błękitny pulower.

Gramatyka

Genitiv Sg. der Substantive und Adjektive

1. Substantive

1.1. Maskulina

Der Genitiv Sg. hat die Endung **-a** oder **-u**. Die Endung **-a** erhalten:

- fast alle belebten Substantive: dyrektor – dyrektora, student – studenta
- unbelebte Substantive, die vor allem Geräte, Werkzeuge, Gefäße sowie viele Ortsnamen bezeichnen: telewizor – telewizora (Fernsehgerät), parasol – parasola, Kraków – Krakowa
- Koseformen: Jasio – Jasia, Stasio – Stasia

Die Endung **-u** haben die meisten unbelebten Maskulina: teatr – teatru, jedwab – jedwabiu (Seide)
Familiennamen auf **-o** erhalten die Endung **-y** (Jagiełło – Jagiełły) oder **-i** (Kościuszko – Kościuszki).

1.2. Feminina

Die Genitivendung der Feminina ist **-i** oder **-y**.
Die Endung **-i** haben Substantive mit einem phonetisch weichen Konsonant am Stammende (pani – pani, Zosia – Zosi), sowie mit **k** oder **g** (kuzynka – kuzynki, walizka – walizki).
Die Endung **-y** erhalten andere Feminina: żona – żony, Magda – Magdy.

1.3. Neutra

Neutra enden im Gen. Sg. auf **-a**: jezioro – jeziora, miasto – miasta.
Einzige Ausnahme sind die im Sg. undeklinierbaren Neutra auf **-um**.

2. Adjektive

Die männlichen und sächlichen Adjektive erhalten im Gen. Sg. die Endung **-ego**: mały – małego, nowe – nowego. Die weiblichen Adjektive enden auf **-ej**: zdolna – zdolnej.
Familiennamen mit adjektivischer Form werden wie Adjektive dekliniert!

3. Gebrauch des Genitivs

Der Genitiv wird gebraucht:

- nach verneinten transitiven Verben: mam dziecko – **nie** mam **dziecka**; znam Hankę – nie znam Hanki;
- nach Mengenangaben: kromka **chleba** (eine Scheibe Brot); kilo **mięsa** (ein Kilo Fleisch), trochę **czasu** (etwas Zeit). Auch wenn das Substantiv eine Substanz bezeichnet, wird es im Genitiv verwendet:
  Chciałbym napić się **kawy**. (Ich möchte Kaffee trinken); Muszę kupić **soli**. (Ich muß Salz kaufen.)
- in unpersönlichen Sätzen mit **nie ma** (es gibt nicht, ist nicht da):
  Marka nie ma w domu. (Marek ist nicht zu Hause).
  Nie ma **cukru**. (Es gibt keinen Zucker).
- zum Bezeichnen des Besitzers: brat Ewy, parasol ojca
- in Verbindung mit vielen Verben und Präpositionen: daleko od Warszawy, niedaleko domu, blisko jeziora.

Ćwiczenia

1. Proszę ułożyć zdania:

Nie znamy: Haliny Szczepańskiej, nowej nauczycielki matematyki, ostatniej książki Anny Kowalskiej, siostry pani Turkowskiej, Warszawy

Mam numer telefonu: Janusza Krogulskiego, doktora Piotrowskiego, nowego dyrektora teatru, kuzyna Marka Pawlaka, Jasia Jagiełły.

Pani Morawska nie ma: nowego samochodu, modnego płaszcza, czarnego parasola, angielskiego długopisu, listu od męża.

Moja kuzynka nie zna: Jeziora Białego, Starego Miasta, Muzeum Narodowego, młodszego dziecka Anny

2. Proszę podać prawidłową formę rzeczownika i przymiotnika (Geben Sie die richtige Form des Substantivs und des Adjektivs an):

1. Nie znam jeszcze (nowy francuski dramat). 2. Mariola nie umie (wiersz Adama Mickiewicza). 3. Brat (Ewa) nie zna (numer, telefon, syn, pani Krystyna Szymańska). 4. Nie mam (wąska spódnica, modna sukienka, nowy płaszcz, skórzana torebka). 5. Mieszkam niedaleko (Muzeum Etnograficzne). 6. Nie znam (dziecko, Anna i Piotr). 7. Jacek nie rozumie (trudne zadanie). 8. On jest studentem (matematyka).

3. Proszę odpowiedzieć przecząco na pytania (Beantworten Sie die Fragen verneinend):

1. Czy znasz panią Teresę Kowalczyk? 2. Czy masz adres doktora Sowińskiego? 3. Czy rozumiesz zadanie z fizyki? 4. Czy znasz dziecko pana Barańskiego? 5. Czy masz nowy długopis? 6. Czy umiesz już wiersz Juliusza Słowackiego? 7. Czy znasz siostrę Bożeny Błońskiej? 8. Czy masz list od Agnieszki? 9. Czy masz podręcznik (Lehrbuch) do biologii?

4. Proszę przetłumaczyć na język polski (Übersetzen Sie ins Polnische):

Ich wohne am Rande der Stadt. Ich habe ein kleines Haus und einen großen Garten. Ich habe kein Auto. In die Stadt fahre ich mit einem Bus (autobus). Ich habe kein Kind. Ich habe wenig (mało) Zeit.
Eliza ist Studentin. Sie wohnt in Lublin. Sie hat keinen Bruder. Sie hat auch keine Schwester. Sie hat auch wenig Zeit. Sie ist begabt, intelligent und geduldig. Sie ist eine gute Studentin. Sie hat keine große Wohnung, nur ein kleines Zimmer in der Nähe vom Zentrum. Mein Bruder wohnt auch in Lublin, aber er kennt Eliza nicht.

Lekcja 13

On: Ireno (1), czy Adam (2) jest w domu?
Ona: Nie, jest z dzieckiem (3) w kinie. Oglądają japoński film rysunkowy o rybaku i złotej rybce. A dlaczego pytasz, Marku (4)?
On: Mam dla Adama (5) ciekawą wiadomość. Szpakowski jest od wczoraj nowym dyrektorem zakładu.
Ona: Powiem to Adamowi (6), kiedy wróci z kina.

(1) Basiu, Wando, Małgosiu
(2) Piotr, Daniel, Stefan
(3) z Dorotką, z Agnieszką, z Jarkiem
(4) Jacku, Marcinie, Jurku
(5) Piotra, Daniela, Stefana
(6) Piotrowi, Danielowi, Stefanowi

Słowniczek

Von dieser Lektion an werden alle Verben mit ihren beiden Aspekten – vollendet (**vo**) und unvollendet (**uv**) angegeben. Näheres über Aspekte im Grammatikteil L. 13 und 30.

oglądać *(uv)*	sich ansehen,	Oglądamy film.
obejrzeć *(vo)*	betrachten	Obejrzymy rewię.
japoński, -a, -ie	japanisch	japoński dramat
film rysunkowy	Trickfilm	Moje dziecko lubi filmy rysunkowe.
rybak	Fischer	On jest rybakiem.
rybka	Fisch, Fischlein	złota rybka
ryba	Fisch	Lubię ryby.
pytać *(uv)*	fragen	On pyta Beatę o

zapytać *(vo)*		drogę do hotelu. (Er fragt B. nach dem Weg zum Hotel). Zapytam Ewę, kiedy wróci.
wiadomość	Nachricht	To jest dobra wiadomość!
wczoraj od wczoraj	gestern seit gestern	Od wczoraj jestem w Warszawie.
zakład	Betrieb	To jest nowoczesny zakład.
powiedzieć *(vo)*	sagen	Czy powiesz Markowi o nowym mieszkaniu?
kiedy	wann; wenn	Kiedy Adam wróci?
wracać *(uv)* wrócić *(vo)*	zurückkehren	Kiedy Tomek wróci do domu, powiem mu o samochodzie.

1. Deklination Sg. der Substantive und Adjektive

1.1. Substantive

1.1.1. Maskulina

Übersicht über die Endungen:

	konsonant. auslautende Mask.	Mask. auf -o	
		Koseformen	Familiennamen
Nom.	-∅	-o	
Gen.	-a, -u	-a	-y/-i
Dat.	-owi, -u	-owi	-e
Akk.	= Nom. oder Gen.	= Gen.	-ę
Instr.	-em	-em	-ą
Lok.	-e, -u	-u	= Dat.
Vok.	-e, -u	-u	-o

Maskulina auf **-a** werden wie Feminina dekliniert.

Anmerkungen:

Die Endung **-u** im Dativ tritt nur in Ausnahmefällen auf. Einige Beispiele: ojciec – ojcu; brat – bratu; kot – kotu (Katze); pies – psu (Hund); chłopiec – chłopcu (Junge).

Der Vokativ ist meist mit dem Lokativ identisch. Einige Substantive haben jedoch eine andere Endung. Es sind belebte Maskulina auf **-ec**, die die Endung **-e** erhalten. Gleichzeitig tritt der Konsonantenwechsel **c:cz** vor: chłopiec – chłopcze! Eine andere wichtige Ausnahme: pan – panie! Der männliche Vorname Jerzy wird adjektivisch dekliniert.

Ćwiczenia

1. Proszę ułożyć zdania:

Czy powiesz	Markowi Kowalikowi	o liście od Karola?
	panu Andrzejowi Wolskiemu	o nowym filmie?
	ojcu i bratu	o synu panu Górskiej?
	Jerzemu	o popsutym samochodzie?
	kuzynowi	o nowym magnetofonie?

Karol		pani doktor Lipskiej	czekoladę
Pan Szpakowski		Marcie Kozłowskiej	piękną różę
Mirek	da	nowej sekretarce	francuski koniak
Adam Lewicki		starszej siostrze	ciekawą książkę

Co dasz	dziecku	na urodziny? (zum Geburtstag)
obiecasz (versprechen)	rodzeństwu	na imieniny? (zum Namenstag)

Pani Kowalska opowie (erzählen)	synowi	o wycieczce do Krakowa
	córce	o nowym mieszkaniu
	dziecku	o interesującym filmie
	mężowi	o Muzeum Geologicznym
	pani Szpakowskiej	o nowym futrze (Pelzmantel)

Marek		z Romanem Piotrowskim	w kinie
Pan Bogucki		z młodszym synem	w teatrze
Profesor Malinowski	jest	z Adamem	w parku
Brat		z dzieckiem	w bibliotece

Dyrektor		z nową sekretarką	w operze
Pan Stawski		z panią Piotrowską	na dancingu
Janusz	jest	z żoną	w Czechosłowacji
Mój kuzyn		z Teresą Michalak	na spacerze

2. Proszę wstawić słowa podane w nawiasach w odpowiedniej formie (Setzen Sie die eingeklammerten Wörter in der richtigen Form ein:)

a) – (Ania), czy jesteś u (Beata)?
   – Nie, (mama), jestem z (Beata) u (Robert).

b) – (Marek), czy opowiesz (Monika i Tomasz) o (nowy film francuski)?
   – Przepraszam, ale nie mam (czas).

c) – (Krzysztof), czy dasz (Jacek) (brązowa walizka)?
   – Nie, nie dam (Jacek) (brązowa walizka), dam (skórzana torba).

d) – Gdzie mieszkasz?
   – Mieszkam z (kuzynka) w (nowe mieszkanie) w (Śródmieście), niedaleko (muzeum).

3. Proszę ułożyć zdania:

Powiem

Bożenie	o nowej książce,		z kina
Karolowi	o samochodzie Ewy,		ze spaceru
Stefanowi	o wycieczce do Krakowa,	kiedy wróci	z Berlina
Joannie	o mieszkaniu Teresy,		od brata

4. Proszę ułożyć zdania:

	w Warszawie,	zawsze mieszkam w dobrym hotelu
Kiedy jestem	w Krakowie,	odwiedzam siostrę
	w Gdańsku,	mam mało czasu
	tutaj,	mieszkam u Moniki

5. Proszę przetłumaczyć (Übersetzen Sie):

Barbara, ist Henryk zu Hause?
Ich habe eine interessante Nachricht für Monikas Bruder.
Lieber Janusz! Seit gestern bin ich in Lublin.
Ich sage es Tadeusz, wenn er nach Hause zurückkommt.
Warum fragst du? Warum fragen Sie?
Jerzy geht mit dem Kind ins Kino.
Immer wenn ich Dorota besuche, komme ich spät (późno) nach Hause.
Was siehst du dir an?
Ich frage Urszula nach dem Weg zum Klub.
Sagst du Renate von Barbaras neuer Wohnung?

Lekcja 14

Jurek: Co robisz?
Ela: Uczę się.
Jurek: Uczysz się? Czego?
Ela: Francuskiego (1).
Jurek: A co robi Marek (a)? Czy też uczy się francuskiego (1)?
Ela: Nie, on uczy się angielskiego (2). Magda (b) i Barbara (c) uczą się francuskiego (1).
Jurek: Uczycie się razem?
Ela: Tak, często uczymy się razem. Czytamy teksty, rozmawiamy.
Jurek: Czy dobrze już mówisz po francusku (3)?
Ela: Nie, jeszcze nie mówię płynnie.
Jurek: A Magda (b)?
Ela: Ona mówi dobrze. Barbara (c) też. Obie mówią dobrze po francusku (3). Czy słyszysz? Właśnie rozmawiają o Paryżu (d). Cieszą się, że dobrze znają francuski (4).

(1) rosyjskiego, włoskiego, węgierskiego
(2) hiszpańskiego, szwedzkiego, czeskiego
(3) po rosyjsku, po włosku, po węgiersku
(4) rosyjski, włoski, węgierski
(a) Andrzej, Wojtek, Jacek
(b) Ewa, Irena, Agnieszka
(c) Hanka, Renata, Małgosia
(d) o Moskwie, o Rzymie, o Budapeszcie

Słowniczek

robić *(uv)* zrobić *(vo)*	machen, tun	Co robisz, Jacku? Ja to zrobię.

uczyć się + Gen. *(uv)* nauczyć się *(vo)*	lernen	Uczymy się polskiego. Nauczę się wiersza.
francuski	französisch Französisch	francuski film język francuski (die Sprache)
po francusku	französisch	Mówię po francusku.
rosyjski	russisch, Russisch	rosyjska muzyka
włoski	italienisch, Italienisch	włoski samochód (lody włoskie = Softeis!)
węgierski	ungarisch, Ungarisch	węgierski turysta
hiszpański	spanisch, Spanisch	hiszpańskie wino
szwedzki	schwedisch, Schwedisch	szwedzki film
czeski	tschechisch, Tschechisch	język czeski
razem	zusammen	Ewa i Roman mieszkają razem.
często	oft	Często jestem u Ewy.
czytać *(uv)* przeczytać *(vo)*	lesen	Czytam "Problemy". Kiedy przeczytam tekst, odwiedzę Iwonę.
rozmawiać *(uv)*	sich unterhalten	Rozmawiam z Tomkiem.
dobrze	gut (Adv.)	On mówi dobrze po polsku.
mówić *(uv)*	sprechen	Czy pan mówi po niemiecku?
już	schon	Już późno.

jeszcze	noch	Jeszcze nie znam Berlina.
płynnie	fließend (Adv.)	Klaus mówi płynnie po polsku.
obie	beide (weibl.)	Znam obie siostry Marka.
słyszeć *(uv)* usłyszeć *(vo)*	hören	Słyszę muzykę. Usłyszałam nowe słowo.
właśnie	eben, gerade, jetzt	Właśnie uczę się polskiego.

Paryż – Paris; Moskwa – Moskau; Rzym – Rom; Budapeszt – Budapest

Gramatyka

1. Konjugation Präsens-Gruppe II

Zu dieser Konjugationsgruppe gehören Verben mit konsonantischem Stammauslaut, z. B. uczyć się, mówić, słyszeć, robić, kupić (kaufen), prosić (bitten), uczyć (lehren, unterrichten). Außerdem werden nach demselben Muster einige Verben konjugiert, deren Stamm auf **-e** endet: lecieć (fliegen), siedzieć (sitzen) u. a., sowie die Verben bać się (sich fürchten), stać (stehen), spać (schlafen).
Wenn der Infinitivstamm auf -ci-, -dzi-, -zi-, -si-, -ści-, -ździ-, -cie-, -sie-, -dzie- endet, wechselt im Präsensstamm ein weicher Konsonant (2. und 3. Pers. Sg., 1. und 2. Pers. Pl.): mit einem funktional weichen Konsonanten (1. Pers. Sg., 3. Pers. Pl.):
musieć – on musi – oni muszą; siedzieć – on siedzi – oni siedzą;

Hier typische Konjugationsbeispiele:

uczyć się	**robić**
ucz-ę się	robi-ę
ucz-ysz się	rob-isz
ucz-y się	rob-i
ucz-ymy się	rob-imy
ucz-ycie się	rob-icie
ucz-ą się	robi-ą

2. Das Satzgefüge – Konjunktionalsätze

Das Satzgefüge besteht aus mehreren einfachen Sätzen. Im Satzgefüge unterscheiden wir über- und untergeordnete Sätze. Der Form nach gibt es Nebensätze (untergeordnete Sätze) als Konjunktionalsätze, Relativsätze und selten konjunktionslose Sätze. Konjunktionalsätze werden durch Konjunktionen eingeleitet. Die Konjunktion steht immer am Anfang des Nebensatzes, auch wenn der Nebensatz vor dem Hauptsatz steht.

Beispiele für Konjunktionalsätze:

Wiem, że Teresa nie zna Piotra. Jedziemy do Krakowa, żeby odwiedzić Beatę. Chociaż mam mało czasu, napiszę list do brata.

Ćwiczenia

1. Proszę utworzyć zdania:

a)	Czy uczysz się	rosyjskiego? angielskiego? francuskiego? hiszpańskiego? japońskiego?	Nie, (ja) uczę się	polskiego. szwedzkiego. włoskiego. węgierskiego. arabskiego.

b)

Marek		po angielsku.
Ewa	mówi	po francusku.
Pan Wolski		po niemiecku.
Pani Dąbrowska		po węgiersku.
Mój brat		po hiszpańsku.
Helena		po arabsku.

c)

Czy słyszycie	melodię z nowego filmu?	Tak, słyszymy dobrze.
	wiersz Adama Mickiewicza?	Nie słyszymy.
	nauczyciela?	
	dziecko?	
	francuski dialog?	

d)

Beata i Robert		po angielsku.
Stefan i Artur		po francusku.
Krystyna i Jola	dobrze mówią	po niemiecku.
Karol i Michał		po rosyjsku.
Mira i Włodek		po szwedzku.

2. Proszę odpowiedzieć na pytania:

Kto uczy się rosyjskiego? (ja, ty, Renata, my, wy, Ela i Hanka).
Kto płynnie mówi po hiszpańsku? (ja, ty, Michał, my, wy, państwo Kowalscy).
Kto nie słyszy nauczyciela? (ja, ty, Bożena, my, wy, Tomek i Tadek).
Kto się cieszy? (ja, ty, dziecko, my, wy, Iwona i Lilka).

3. Proszę uzupełnić:

– Czy … francuskiego?
– Nie, ja nie … francuskiego. Ja już … po francusku.
– A kto … francuskiego?
– Podobno Irena i Ewa … francuskiego.
– Nie, one … angielskiego.
– Tak? Tomek też … angielskiego. On już dobrze … po angielsku.

4. Proszę ułożyć zdania:

a)

Co mówi Marek?	On mówi, że	Ela uczy się hiszpańskiego.
Krzysztof?		nie zna pani Staweckiej
Roman?		dobrze słyszy Jurka.
pan Grabowski?		(wy) uczycie się rosyjskiego.
profesor?		nowy samochód Adama jest dobry.

b) Katarzyna cieszy się, że: 1. dobrze, znać, rosyjski; 2. często, odwiedzać, siostra; 3. słyszeć, dobra muzyka; 4. uczyć się, angielski; 5. znać, pani Piotrowska.

5. Proszę przetłumaczyć:

Ich lerne Polnisch. Ich spreche noch nicht fließend Polnisch, aber ich freue mich, daß ich viel verstehe. Ich lese interessante Texte. Oft lerne ich mit Monika. Sie spricht schon gut Polnisch. Wir unterhalten uns über Polen, über polnische Literatur und Kultur. Ich bin froh, daß ich mit Monika Polnisch sprechen und lesen lerne.

Lekcja 15

Magda: Dokąd jedziesz na wakacje?
Agnieszka: W lipcu jedziemy wszyscy do Bułgarii (1), nad morze.
M.: Jedziecie pociągiem czy samochodem?
A.: Lecimy samolotem. Ojciec kupuje dziś bilety.
M.: A co robisz w sierpniu?
A.: Mam praktykę jako wychowawczyni na obozie młodzieżowym. Już na początku sierpnia jadę w góry (2). A we wrześniu jadę z Markiem (a) nad jezioro, na Mazury. Bardzo lubimy Mazury. Mieszkamy tam u znajomego leśnika.
M.: Jak spędzacie tam czas?
A.: Chodzimy na długie spacery po lesie, kąpiemy się w jeziorze, czasem wypożyczamy kajak i płyniemy na wyspę. Marek (b) dobrze wiosłuje.
M.: Zbieracie jagody i grzyby?
A.: Oczywiście! Ale ja nigdy nie mam szczęścia, zbieram same muchomory. Tylko czasem znajduję maślaka (3).
M.: Wspaniałe wakacje! Miesiąc nad morzem, miesiąc w górach, miesiąc nad jeziorem!
A.: Tak, masz rację. Bardzo lubię lato.

(1) do Jugosławii, do Rumunii, do Grecji
(2) do Bieszczady, w Karkonosze, w Beskidy
(3) borowika, koźlaka, maślaka
(a) z Jurkiem, z Robertem, z Andrzejem
(b) Jurek, Robert, Andrzej.

Słowniczek

dokąd	wohin	Dokąd jedziesz na urlop?

jechać *(uv)* pojechać *(vo)*	fahren	Jadę do Krakowa. W sierpniu pojedziemy do Rumunii.
wakacje	Ferien (meistens Sommerferien)	Eliza jedzie na wakacje do Bułgarii.
wszyscy	alle (nur Personalform!)	Wszyscy studenci jadą do Lublina.
pociąg	Zug	pociąg do Gdyni
samochód	Wagen, Auto	nowy samochód; jadę samochodem
lecieć *(uv)* polecieć *(vo)*	fliegen	Lecimy samolotem. Ewa poleci do Londynu.
samolot	Flugzeug	nowoczesny samolot
kupować *(uv)* kupić *(vo)*	kaufen	Co kupujecie? Chyba kupię nową torebkę.
dziś (dzisiaj)	heute	Dziś jedziemy na urlop.
bilet	Fahrkarte, Flugschein Eintrittskarte	bilet autobusowy; bilet na samolot; bilety do teatru
praktyka	Praktikum	Wojtek ma praktykę w fabryce.
jako	als	Ona pracuje jako sekretarka.
wychowawczyni	Erzieherin, Gruppenleiterin, Klassenlehrerin	Dorota ma praktykę jako wychowawczyni.
obóz młodzieżowy	Jugendlager	Jadę na obóz młodzieżowy.

początek	Anfang, Beginn	Na początku maja mam egzamin z matematyki.
góry	Gebirge	jadę w góry; jestem w górach
lubić	gern haben, mögen	Lubię wakacje.
tam	dort	Iwona jedzie do Warszawy. Karol już tam jest.
znajomy	bekannt; Bekannter	znajomy lekarz; Mój znajomy jest oficerem.
leśnik	Förster	Stefan jest leśnikiem.
spędzać czas	Zeit verbringen	Jak spędzasz wolny czas? Wakacje spędzamy w górach.
chodzić *(uv)*	gehen	Często chodzimy
spacer	Spaziergang	na długie spacery.
las	Wald	Spaceruję po lesie.
kąpać się *(uv)* wykąpać się *(vo)*	baden	Lubię kąpać się w morzu. Muszę wykąpać dziecko.
czasem	manchmal	Czasem spędzam wakacje w górach.
wypożyczać *(uv)* wypożyczyć *(vo)*	ausleihen	Często wypożyczam książki z biblioteki.
kajak	Paddelboot	Mam nowy kajak.

płynąć *(uv)* popłynąć *(vo)*	1. schwimmen; 2. mit Boot, Schiff usw. fahren	Płyniemy kajakiem.
pływać *(uv)*	schwimmen – wiederholte Handlung	Jarek dobrze pływa.
wyspa	Insel	Na wyspie jest obóz młodzieżowy.
wiosłować	paddeln	Nie umiem wiosłować.
zbierać	sammeln	Ewa zbiera fotosy filmowe.
jagoda	Blaubeere, Beere	Dzieci zbierają jagody.
grzyb	Pilz	Idę na grzyby. Lubię grzyby.
nigdy	nie	Teresa nigdy nie ma czasu.
szczęście	Glück	Nie mam szczęścia. Dużo szczęścia!
sam, sama, samo same, sami	1. allein 2. hier: nur; nichts als …	Anka jest sama. Zbieram same muchomory.
znajdować *(uv)* znaleźć *(vo)*	finden	Czasem znajduję grzyby. Nie mogę znaleźć białej bluzki.
muchomór	Fliegenpilz	Muchomory są ładne.
maślak borowik koźlak	Butterpilz Steinpilz Birkenpilz	Lubię maślaki, borowiki i koźlaki.

Achtung: Die männlichen Pilznamen werden im Singular wie lebendige Maskulina dekliniert.

kurka	hier: Pfifferling	Czy lubisz kurki?
wspaniały, -a, -e	herrlich	wspaniałe grzyby
miesiąc	Monat	Jadę na miesiąc do Rumunii.
mieć rację	Recht haben	Masz rację. Nie masz racji.
lato	Sommer	Dorota lubi lato.

Erweiterung des Wortschatzes – Rozszerzenie słownictwa

Miesiące

styczeń	Januar	lipiec	Juli
luty	Februar	sierpień	August
marzec	März	wrzesień	September
kwiecień	April	październik	Oktober
maj	Mai	listopad	November
czerwiec	Juni	grudzień	Dezember

Pory roku

wiosna – Frühling; lato – Sommer; jesień – Herbst; zima – Winter.

Podróże

podróż – Reise; podróżować – reisen;
podróż służbowa – Dienstreise; podróż urlopowa – Urlaubsreise; jechać na urlop;
podróżować samolotem, samochodem, autobusem; lecieć samolotem, jechać pociągiem, płynąć statkiem (mit dem Schiff).

Gramatyka

1. Konjugation Präsens – Gr. I

Zu dieser Konjugationsgruppe gehören viele Verben, die man in weitere Untergruppen teilen kann.

Untergruppe Ia

Hierher gehören:

- drei- oder mehrsilbige Verben, deren Infinitivstamm auf **-owa**, **-ywa**, **-iwa** endet: kupować, pokazywać (zeigen), podsłuchiwać (belauschen);
- Verben, deren Stamm im Infinitiv auf **-a** oder **-e** endet: dawać (geben), pisać (schreiben), siwieć (grau werden);
- Verben mit einsilbigem Infinitivstamm auf **-i/-y**, **-u** sowie davon abgebildete Komposita: żyć (leben), kłuć (stechen);

Konjugationsbeispiele:

kupować	pokazywać	pisać	siwieć	żyć
kupuję	pokazuję	piszę	siwieję	żyję
kupujesz	pokazujesz	piszesz	siwiejesz	żyjesz
kupuje	pokazuje	pisze	siwieje	żyje
kupujemy	pokazujemy	piszemy	siwiejemy	żyjemy
kupujecie	pokazujecie	piszecie	siwiejecie	żyjecie
kupują	pokazują	piszą	siwieją	żyją

Untergruppe Ib

Hierher gehören Verben:

- mit Infinitivstamm auf **-ną-**, **-ą-**: płynąć, dąć (blasen);
- Mit Infinitivstamm auf **-ść**, **-źć**, **-c**: iść (gehen), gryźć (beißen), piec (backen);
- andere Verben wie z. B. brać (nehmen), prać (waschen), żreć (fressen).

Für diese Untergruppe ist folgender Konsonantenwechsel charakteristisch: in der 2. und 3. Person Sg. und in der 1. und 2. Person Pl. gibt es einen weichen (oder funktional weichen) Konsonanten, in der 1. Pers. Sg. und 3. Pers. Pl. einen harten:

płynąć – płynie, płyną
gryźć – gryzie, gryzą.

Bei einigen Verben dieser Untergruppe tritt mit dem Konsonantenwechsel der Vokalwechsel **e/o** auf:

nieść (tragen) – niesie, niosą
brać – bierze, biorą.

Das Verb jechać hat im Präs. den Vokalwechsel **e/a**: jedzie – jadą.

Einige Konjugationsbeispiele:

płynąć	dąć	brać	gryźć	iść	piec
płynę	dmę	biorę	gryzę	idę	piekę
płyniesz	dmiesz	bierzesz	gryziesz	idziesz	pieczesz
płynie	dmie	bierze	gryzie	idzie	piecze
płyniemy	dmiemy	bierzemy	gryziemy	idziemy	pieczemy
płyniecie	dmiecie	bierzecie	gryziecie	idziecie	pieczecie
płyną	dmą	biorą	gryzą	idą	pieką

2. Nominativ, Akkusativ und Lokativ Plural der Substantive

2.1. Personale Substantive (männl. Personen)

2.1.1. Nominativ Plural

Der Nominativ Plural der personalen Substantive hat die Endung **-owie**, **-i/-y**, **-e**.

Die Endung **-owie** haben:

- Titel, Bezeichungen von Würdenträgern: profesor – profesorowie (auch: profesorzy), minister – ministrowie
- einige Bezeichnungen von Nationalitäten: Belgowie, Arabowie
- die meisten Verwandten (außer: brat, kuzyn, siostrzeniec): ojcowie, synowie
- Familiennamen (außer Namen auf -i, -y): Stasiak – Stasiakowie, Sikora – Sikorowie, Wachowicz – Wachowiczowie)
- männliche Vornamen: Tadeusz – Tadeuszowie, Jasio – Jasiowie
- personale Maskulina auf -ek: członek (Mitglied) – członkowie, skrzypek (Geiger) – skrzypkowie
- einige andere Substantive: uczeń (Schüler) – uczniowie.

Die Endung **-i/-y** erhalten hartstämmige Substantive, die zu keiner der o. g. Gruppen gehören, sowie weichstämmige Substantive auf **-ec**. Die letzten haben im Nom. Pl. die Endung **-y**: chłopiec (Junge) – chłopcy. Substantive mit funktional weichem Konsonant haben ebenfalls die Endung **-y**: pedagog – pedagodzy.
Substantive mit phonetisch weichem Konsonant haben die Endung **-i**: Francuz – Francuzi. Folgender Konsonantenwechsel ist möglich:
- harter Kons.: weicher Kons.: studen**t** – studen**ci**
- **k:c**; **g:dz**; **r:rz**; górni**k** (Bergmann) – górni**cy**; pedago**g** – pedago**dzy**, akto**r** (Schauspieler) – akto**rzy**.

In seltenen Fällen gibt es auch einen Vokalwechsel, z. B. **a:e** in sąsiad (Nachbar) – sąsi**e**dzi.
Die Endung **-e** haben weichstämmige Substantive, die in den o. g. Gruppen nicht genannt wurden: lekarz – lekarze; nauczyciel – nauczyciele.

2.1.2. Akkusativ Plural

Im Akkusativ Plural erhalten die personalen Substantive die Endung **-ów** bzw. **-y/-i**.
Die Endung **-ów** bekommen:
- hartstämmige Substantive: pan – panów, student – studentów;
- weichstämmige Substantive, die im Nom. Pl. auf -owie enden: uczeń – uczniowie, uczniów;
- weichstämmige Substantive auf **-c** oder **-dz**: chłopiec – chłopców;
- die Endung **-y/-i** haben weichstämmige Substantive (außer den schon erwähnten). Die Endung **-y** gibt es nach funktional weichen Konsonanten: lekarz – lekarzy; die Endung **-i** nach phonetisch weichen: nauczyciel – nauczycieli.

2.3.1. Lokativ Plural

Für alle personalen Substantive gilt im Lokativ Pl. die Endung **-ach**: lekarz – lekarzach, chłopiec – chłopcach.

Achtung! Einige Substantive bilden unregelmäßige Pluralformen. Es sind u. a.: **brat, przyjaciel** (Freund), **człowiek** (Mensch). Hier die Deklination im Plural:

Kasus	brat	przyjaciel	człowiek
Nom.	bracia	przyjaciele	ludzie
Gen.	braci	przyjaciół	ludzi
Dat.	braciom	przyjaciołom	ludziom
Akk.	braci	przyjaciół	ludzi
Instr.	braćmi	przyjaciółmi	ludźmi
Lok.	(o) braciach	(o) przyjaciołach	(o) ludziach
Vok.	bracia!	przyjaciele!	ludzie!

2.2. Nichtpersonale Substantive

2.2.1. Nominativ und Akkusativ Plural

Nominativ und Akkusativ Plural der nichtpersonalen Substantive haben identische Endungen. Es können sein: **-a**, **-y**/**-i**, **-e**.

Die Endung **-a** haben Neutra: muzeum – muzea, mieszkanie – mieszkania.

Die Endung **-y**/**-i** erhalten:

– hartstämmige Maskulina und Feminina (die Endung **-i** nur nach **k**, **g**): teatr – teatry, kajak – kajaki, jagoda – jagody, sukienka – sukienki;

– weichstämmige Feminina, die im Nom. Sg. auf einen Konsonanten enden: odpowiedź (Antwort) – odpowiedzi, mysz (Maus) – myszy.

Die Endung **-e** haben alle weichstämmigen Maskulina und die meisten weichstämmigen Feminina: koń (Pferd) – konie, pani – panie, podróż – podróże.

2.2.2. Lokativ Plural

Alle nichtpersonalen Substantive erhalten im Lokativ Plural die Endung **-ach**: góry – górach, Mazury – Mazurach.

Achtung! Unregelmäßige Formenbildung hat u. a. das Substantiv dziecko. Es wird im Plural wie folgt dekliniert:

Nom.	dzieci	Instr.	dziećmi
Gen.	dzieci	Lok.	dzieciach
Dat.	dzieciom	Vok.	dzieci!
Akk.	dzieci		

Ćwiczenia

1. Proszę utworzyć zdania:

a)

Dokąd jedziesz	w lipcu?	Jadę	w góry.
	w sierpniu?		nad morze.
	we wrześ-niu?		nad jeziora.
	latem?		do Krakowa.
	na urlop?		do Rumunii.
	na wakacje?		na Węgry.

b)

Marek	Lublina,		Ewa i Anka	Paryża.
Zosia jedzie	Warszawy,	a	Mirek i Ela jadą	Berlina.
Karol do	Poznania,		Leszek i Jan do	Sofii.
Irena	Wrocławia,		Sylwia i Igor	Oslo.

c)

Czy jedziecie	nad morze?	Tak, jedziemy	w lipcu.
	w góry?	tam	we wrześ-niu.
	na Mazury?		w styczniu.
	na obóz?		w maju.
	do Bułgarii?		w czerwcu.
	do Grecji?		w sierpniu.

2. Proszę uzupełnić zdania czasownikami jechać, płynąć, lecieć:

Katarzyna ... pociągiem do Krakowa. Pan Popławski ... samolotem do Paryża. Ja nie ... samochodem do Budapesztu, (ja) ... samolotem. Oni ... kajakiem na wyspę. Basiu, ... autobusem czy taksówką? Mój brat ... statkiem do Leningradu. My ... do Londynu samolotem.

3. Proszę przetłumaczyć na język polski:

a) Ich verbringe den Urlaub an einem See. Ich liebe Spaziergänge. Oft mache ich lange Spaziergänge im Wald, sammle Pilze und Beeren. Ich bade viel im See. Leider kann ich nicht schwimmen.

b) Herr Pawlak reist viel. Im Januar fliegt er nach Tokio. Im Februar fährt er nach Bulgarien und im März muß er in Frankreich sein. Im April und Mai bleibt er (bleiben = zostawać) in Polen, aber im Juni fährt er nach Spanien. Im Juli hat er Urlaub. Er will den Urlaub im Gebirge, in der Tatra, verbringen. Im August fliegt er nach Indien und im September muß er in Schweden sein. Im Oktober fährt er nach Ungarn und Rumänien und im November in die DDR. Im Dezember fährt er nach Algerien. Er hat eine interessante Arbeit.

Polnische Ländernamen:

Bulgarien – Bułgaria; Frankreich – Francja; Spanien – Hiszpania; Indien – Indie; Schweden – Szwecja; Ungarn – Węgry; Rumänien – Rumunia; DDR – NRD; Algerien – Algieria.

Andere Eigennamen:

Tokio – Tokio (undeklinierbar)
die Tatra – Tatry (Plural!)

Lekcja 16

Karol: Czy Stefan (1) to twój brat?
Iwona: Nie, mój brat ma na imię Paweł (2).
Karol: A wasza siostra?
Iwona: Nasza siostra ma na imię Teresa (3). Stefan (1) to jej mąż.
Karol: Teresa (3) to jego żona? Nie wiedziałem. Czy mają dzieci?
Iwona: Tak, ich córeczka ma na imię Lidia (4).

(1) Marek, Zbyszek, Andrzej
(2) Janusz, Leszek, Henryk
(3) Anna, Agata, Bożena
(4) Karolina, Magdalena, Sylwia.

Słowniczek

mąż	Ehemann	Mój mąż jest inżynierem.
żona	Ehefrau	Żona Piotra ma na imię Ewa.
wiedziałem	ich habe gewußt (männl. Form)	Nie wiedziałem, że Ewa mieszka w Krakowie. Nie wiedziałam, że znasz czeski.
wiedziałam	*dto.* (weibl. Form)	

Gramatyka

Possessivpronomina T. 1

Possessivpronomina sind in Numerus, Kasus, Genus vom Besitzer abhängig. Hier eine kleine Übersicht:

ja:	mój parasol	moja walizka	moje mieszkanie
ty:	twój parasol	twoja walizka	twoje mieszkanie
on:	jego parasol	jego walizka	jego mieszkanie
ona:	jej parasol	jej walizka	jej mieszkanie
ono:	jego parasol	jego walizka	jego mieszkanie
my:	nasz parasol	nasza walizka	nasze mieszkanie
wy:	wasz parasol	wasza walizka	wasze mieszkanie
oni: one:	ich parasol	ich walizka	ich mieszkanie

Die Possessivpronomina **jej**, **jego**, **ich** sind unveränderlich. Alle anderen sind deklinierbar. Die Deklination der Possessivpronomina erfolgt nach dem Deklinationsmuster für Adjektive.

Ćwiczenia

1. Proszę utworzyć zdania według wzoru (Bilden Sie Sätze nach folgendem Muster):

Mieszkam w Krakowie. – siostra, Poznań
– Moja siostra mieszka w Poznaniu.

Klaus jest chemikiem. – żona, urzędniczka
Barbara studiuje medycynę. – chłopak, ekonomia
Mieszkamy w Warszawie. – syn, Gdańsk
Gdzie pracujesz? – brat
Mam nowe mieszkanie. – mieszkanie, duże, wygodne
Kowalscy mają syna i córkę. – syn, Marcin
córka, Beata
Mieszkam we Wrocławiu. – siostra, Lublin
brat, Opole
Ty studiujesz biologię. – kuzynka, matematyka
szwagier, medycyna
Bogdan jest fryzjerem. – żona, kelnerka
brat, robotnik

Krystyna ma nowe mieszkanie. – siostra, samochód
kuzyn, kolorowy telewizor (Farbfernseher)

Na urlop jedziemy w góry. – syn, nad morze
córka, na obóz

Kowalscy mają urlop we wrześniu. – kuzynka, w maju
syn, w sierpniu.

Lekcja 17

Pani Jankowska: Co robią twoje dzieci?
Pani Kłosowska: Moje córki studiują, a moi synowie już pracują. A wasze dzieci?
Pani J.: Nasze dzieci jeszcze nie pracują. Nasze córki chodzą do szkoły, a nasi synowie studiują.
Pani K.: A synowie Kowalczyków (1)?
Pani J.: Ich synowie pracują w hotelu "Metropol" (2).
Pani K.: W hotelu "Metropol" (2)? Tam pracują też córki Barańskiego (3).
Pani J.: Nie, jego córki pracują w hotelu "Bristol" (4).

(1) Słowikowskich, Marczaków, Laskowskich
(2) Polonia, Excelsior, Atlantic
(3) Wiśniewskiego, Wojtczaka, Górskiego
(4) Victoria, Forum, Cracovia

Słowniczek

robić *(uv)*	machen,	Co robisz?
zrobić *(vo)*	tun	Zrobię jeszcze ćwiczenia.
jeszcze	noch	Mój syn jeszcze nie pracuje.
chodzić *(uv)*	gehen	Tomek chodzi do szkoły.
szkoła	Schule	nowa szkoła
tam	dort	Jadę do Krakowa. Tam mieszka mój brat.

Gramatyka

Possessivpronomina T. 2

In der Lektion 16 haben Sie einige Possessivpronomina kennengelernt. Hier weitere Pronomina:

ja:	moi bracia	moje siostry, dzieci
ty:	twoi bracia	twoje siostry, dzieci
on:	jego bracia	jego siostry, dzieci
ona:	jej bracia	jej siostry, dzieci
ono:	jego bracia	jego siostry
my:	nasi bracia	nasze siostry, nasze dzieci
wy:	wasi bracia	wasze siostry, wasze dzieci
oni, one:	ich bracia	ich siostry, ich dzieci

Achtung! Die Possessivpronomina **nasi**, **wasi** erhalten in anderen Kasus (außer Akk. und Vok.) dieselben Deklinationsendungen wie nasze, wasze:
z naszymi braćmi, o waszych synach.
Der Akk. dieser Pronomina lautet: naszych, waszych, der Vok. ist dem Nom. gleich.

Ćwiczenia

1. Proszę ułożyć zdania według wzoru:

Ewa pracuja w hotelu "Victoria". – bracia, szkoła
Jej bracia pracują w szkole.

Jadę do Krakowa. – siostry, Lublin
bracia, Poznań
rodzice, Warszawa

Jesteś miła. – siostry, muzykalne
rodzice, sympatyczni
sukienki, modne

Helena studiuje biologię. – kuzynki, polonistyka
bracia, elektronika

Kowalski jest inżynierem. – córki, studentki
synowie, lekarze

Jedziemy na Węgry. – rodzice, Jugoslawia.
siostry, Bułgaria.

Iwona i Adam mają nowe mieszkanie. – meble, wygodne
pokoje, jasne

2. Proszę przetłumaczyć:

Meine Brüder wohnen hier, und meine Schwestern wohnen in Łódź. Auch deine Schwestern wohnen in Łódź.
Das ist unsere Wohnung. Unsere Zimmer sind bequem und hell. Unsere Möbel sind nicht neu, aber gut.
Wo sind eure Kinder? Unsere Kinder sind noch in der Schule.
Monika studiert Chemie. Ihre Brüder studieren Medizin. Ihre Kusinen studieren Romanistik.
Das ist Herr Piotrowski. Seine Kinder und meine Kinder lernen zusammen.

Lekcja 18

Ewa: Jarku, pomóż mi nakryć do stołu!
Jarek: Poczekaj chwilkę.
Ewa: Dobrze, ale przynieś po drodze sztućce!
Jarek: Już idę! Proszę, tu są noże, widelce i łyżki. Czy mam przynieść jeszcze talerze?
Ewa: Tak, daj te białe z niebieskim paskiem. Postaw je tutaj.
Jarek: Co jeszcze? Kieliszki, szklanki?
Ewa: Kieliszki do czerwonego wina.
Jarek: Nie mogę znaleźć. Chodź tu, zobacz sama!
Ewa: Popatrz, tu stoją kieliszki!
Jarek: Rzeczywiście!

Słowniczek

pomagać *(uv)*	helfen	Ewa pomaga bratu.
pomóc *(vo)*		Pomogę siostrze.
nakrywać *(uv)*	decken, zudekken	
nakryć *(vo)*		
nakryć (nakrywać do stołu)	den Tisch dekken	Muszę jeszcze nakryć do stołu.
stół	Tisch	Ten stół jest za mały.
czekać *(uv)*	warten	Czekam na Beatę.
poczekać *(vo)*		Poczekaj jeszcze 5 minut!
chwila, chwilka	Moment, Weile	Poczekaj chwilkę!

przynosić *(uv)*	bringen, holen	On zawsze przynosi kwiaty.
przynieść *(vo)*		Przynieś książkę!
droga	Weg	szerokiej drogi! (wünscht man einem, der mit eigenem Auto verreist)
po drodze	bei Gelegenheit, im Vorbeigehen	Idziesz do biblioteki? Kup po drodze bilety do kina!
sztućce *(nur Pl.)*	Besteck	srebrne sztućce
już	schon	Marek ma już urlop.
iść *(uv)*	gehen; selten: kommen	Dokąd idziesz? Już idę!
proszę	bitte	Proszę bardzo!
nóż	Messer	Gdzie jest nóż?
widelec	Gabel	srebrne widelce
łyżka	Löffel	Te łyżki są drogie.
talerz	Teller	procelanowe talerze
talerz głęboki	Suppenteller	
talerz płytki	flacher Teller	
pasek	hier: Streifen	bluzka w paski (gestreift); talerz z niebieskim paskiem
stawiać *(uv)*	stellen	Tu stawiamy talerze.
postawić *(vo)*		Postaw walizkę w pokoju!
tutaj, tu	hier	Tutaj jest pokój Magdy.
kieliszek:	Glas (für alkoholische Getränke)	

do wina	Weinglas	
do szampana	Sektglas	
do wódki	Schnapsglas	
do koniaku	Kognakglas	
szklanka	Glas (für Getränke ohne bzw. mit wenig Alkohol, auch für Bier)	
chodzić *(uv)*	gehen	Chodzę do klubu.
aber:		
chodź!	komm!	Chodź tutaj!
zobaczyć *(vo)*	sehen, nachsehen, erblicken	Zobacz! Tam idzie Krystyna!
patrzeć *(uv)*	sehen, zuschauen	Patrz!
popatrzeć *(vo)*	schauen, nachschauen	Popatrz sam!
stać *(uv)*	stehen	Kieliszki stoją na stole.
rzeczywiście	tatsächlich	Irena rzeczywiście jedzie do Turcji.

Erweiterung des Wortschatzes

łyżka do zupy		Eßlöffel
łyżka wazowa		Suppenkelle
łyżeczka	do herbaty	Teelöffel
	do kawy	Kaffeelöffel
widelec	do ciasta	Kuchengabel
	do tortu	Tortengabel

Gramatyka

1. Imperativ

Der Imperativ hat nur 3 Flexionsformen: die 2. Person Sg., die 1. und die 2. Pers. Pl. Außerdem ist es möglich, für die 3. Pers. Sg. und Pl. imperativische Formen zu bilden. Es erfolgt mit Hilfe der Partikel "niech" in Verbindung mit der entsprechenden Konjugationsform.

Beispiele: Niech Ewa napisze list! Niech państwo nas odwiedzą!

Die Personalendungen des Imperativs lauten:

Sing.	Pl. 1. **-my**
2. **-Ø**	**-cie**

Es gibt 2 Möglichkeiten, Imperativformen zu bilden:

1.1. Imperativ vom erweiterten Präsensstamm abgeleitet

Verben der 1. und der 2. Konjugation mit Präsensstamm ohne Vokal und Verben, deren Präsensstamm auf einen Nasal endet, bilden den Imperativ mit erweitertem Präsensstamm. Das Erweiterungsmorphem lautet **-yj/-ij**. Hier einige Beispiele:

drwić (spotten): drwię – drwij, drwijmy, drwijcie
zapomnieć (vergessen): zapomnę – zapomnij, zapomnijmy, zapomnijcie
marznąć (frieren): marznę – marznij, marznijmy, marznijcie.

1.2. Imperativ vom einfachen Präsensstamm

Die übrigen Verben bilden den Imperativ vom einfachen Präsensstamm.
Verben der 3. und 4. Konjugationsgruppe bilden den Imperativ vom Stamm der 3. Pers. Pl.: czytać: **czyta**ją – czytaj! mieszkać: mieszkają – mieszkaj!

Andere Verben bilden den Imperativ vom Stamm der 3. Pers. Sg.: przynieść: przyniesie – przynieś! uczyć: uczy – ucz! prosić: prosi – proś!
Bei Verben, deren Präsensstamm auf j, l oder einen stimmhaften Konsonanten endet, ist zusätzlich ein Vokalwechsel möglich (im Präsens: o, im Imperativ ó): robić: robi – rób!

2. Das Verb "mieć" als ein Modalverb

Das Verb **mieć** hat außer seiner primären Bedeutung (haben) auch die Bedeutung sollen, müssen. In dieser Funktion wird es oft in der Umgangssprache gebraucht.

Mam jeszcze **nakryć** do stołu.	Ich soll (muß) noch den Tisch decken.
Mam napisać list do Barbary.	Ich soll einen Brief an Barbara schreiben.
Mam dużo **do zrobienia**.	Ich habe viel zu tun.
Mam jeszcze 55 stron **do przeczytania**.	Ich habe noch 55 Seiten zu lesen.

Ćwiczenia

1. Proszę utworzyć tryb rozkazujący (Bilden Sie Imperativformen):

pracować – pomóc – pomagać – poczekać – jechać – wiosłować – powiedzieć – zbierać – stać – czekać – dać – pisać – uczyć się.

2. Proszę przetłumaczyć:

Hilf Eva! Helft dem Bruder! Stell den Koffer hierher! Stellt die Weingläser auf den Tisch! Bring mir bitte den grauen Mantel! Bringt den Regenschirm! Lerne Polnisch! Lernt mit Beata! Lernen wir Englisch! Warte bitte!

3. Proszę utworzyć zdania:

a) Przynieś Przynieście Przynieśmy Postaw tam Postawcie tutaj Postawmy w pokoju	kieliszki do wina talerze szklanki walizkę torbę lampę
b) Odwiedź Odwiedźcie Odwiedźmy	Elżbietę, Halinę, Teresę Marka, Henryka, Leszka kuzynkę, brata, panią Wolską
c) Pomóż Pomóżmy Pomóżcie	siostrze, ojcu, znajomemu, Krystynie, Annie, Zosi, Bogdanowi, Stefanowi, Piotrowi

4. Proszę dopasować (Kombinieren Sie richtig):

kieliszek widelec łyżeczka talerz	do ciasta, do wina, płytki, do kawy, do likieru, do szampana, głęboki, do wódki, do tortu, do herbaty, do koniaku

5. Proszę przetłumaczyć, używając czasownika "mieć":

Ich soll Sektgläser kaufen. Mein Bruder soll seinen Bekannten besuchen. Was sollst du holen?

Lekcja 19

Kochana Agnieszko!

Wczoraj wieczorem przyjechałem do Krakowa. Podróż nie była męcząca, miałem wygodne miejsce przy oknie. Pociąg przyjechał punktualnie. Na peronie czekał na mnie Grzegorz. Ucieszyłem się, ponieważ nie znam dobrze Krakowa. Najpierw pojechaliśmy do hotelu. Po kolacji poszliśmy jeszcze na spacer. Grzegorz pokazał mi Wawel, Kościół Mariacki, Sukiennice. Do hotelu wróciliśmy dość późno. Byłem zmęczony, dlatego nie napisałem wczoraj obiecanego listu.
Co nowego u Ciebie? Jak zdałaś egzamin?
Całuję Cię. Pozdrów rodziców.

Twój Marek

Słowniczek

kochany, -a, -e	lieb, lieber *(Adj.)*	Kochany Andrzeju!
wczoraj	gestern	Wczoraj uczyliśmy się polskiego.
wieczór	Abend	Doby wieczór!
wieczorem	am Abend, abends	Wieczorem czytam książki.
przyjeżdżać *(uv)*	ankommen	Często tu przyjeżdżam.
przyjechać *(vo)*		Przyjechałem wczoraj.
podróż	Reise	podróż do Bułgarii

męczący, -a, -e	anstrengend	męcząca podróż
miejsce	Platz, Ort, Stelle	wygodne miejsce
przy	an, bei	Przy domu jest ogród.
okno	Fenster	duże okno
punktualnie	pünktlich	Ewa przyszła punktualnie.
peron	Bahnstein	Paweł czeka na peronie.
cieszyć się *(uv)*	sich freuen	Bardzo się cieszę.
ucieszyć się *(vo)*		Teresa ucieszyła się.
na mnie	auf mich	Sylwia czeka na mnie.
ponieważ	weil, denn	Cieszę się, ponieważ jadę na urlop do Bułgarii.
najpierw	zuerst	Najpierw poszliśmy do kina,
potem	danach	potem do restauracji.
kolacja	Abendbrot	Jem kolację.
pójść *(vo)*	(hin)gehen	Irena poszła do kina.
pokazywać *(uv)*	zeigen	
pokazać *(vo)*		Pokażę ci fotografie.
mi	mir (in unbetonter Stellung)	Aniu, pokaż mi nową sukienkę!
Wawel	ein Hügel in Kraków, auf dem sich das königliche Schloß befindet; umgangssprachlich wird das Schloß mit demselben Namen bezeichnet	
Kościół Mariacki	die Marienkirche	
Sukiennice	das Gewandhaus	

wracać *(uv)*	zurückkommen	Zaraz wracam.
wrócić *(vo)*		Wróciłam wczoraj.
dość, dosyć	hier: ziemlich	Jest już dość późno.
późno	spät	Marek wrócił późno.
dlatego	deswegen	Chcę pojechać do Polski, dlatego uczę się polskiego.
pisać *(uv)*	schreiben	On pisze książkę.
napisać *(vo)*		Wczoraj napisałem do Ewy.
obiecany, -a, -e	versprochen	obiecany spacer
list	Brief	list do Agnieszki
u Ciebie	bei Dir	Czy Dorota jest u ciebie?
jak	wie *(Adv.)*	Jak mam to napisać?
zdawać egzamin *(uv)*	eine Prüfung ablegen	Kiedy zdajesz egzamin?
zdać egzamin *(vo)*	eine Prüfung bestehen	Zdałem egzamin.
całować *(uv)*	küssen	Matka całuje dziecko.
pocałować *(vo)*		Matka pocałowała dziecko.
cię, ciebie	dich	
pozdrawiać *(uv)*	grüßen	Pozdrawiam Cię.
pozdrowić *(vo)*		Pozdrów brata!

Gramatyka

1. Das Präteritum (die Vergangenheit)

Das Verb wird im Präteritum nach Person, Numerus und Genus gebeugt. Im Singular unterscheiden wir 3 Geschlechter: männlich, weiblich, sächlich (die 1. und 2. Pers. haben kein sächliches Geschlecht!). Im Plural gibt es 2 Geschlechter: das personale und das nichtpersonale.

Die Personalendungen sind:				*Beispiel:* **robić** (weibl. – nichtpers.)			
Sg.:	1. **-m**	Pl.	**-śmy**	Sg.	robiłam	Pl.	robiłyśmy
	2. **-ś**		**-ście**		robiłaś		robiłyście
	3. **-Ø**		**-Ø**		robiła		robiły

Für die Formenbildung des Präteritums sind noch Suffixe notwendig. Es sind:

Sg. männl.	**-ł** (robił)	Pl. pers. Geschl.	**-li** (robili)
weibl.	**-ła** (robiła)	nichtpers. Geschl.	**-ły** (robiły)
sächl.	**-ło** (robiło)		

Von den meisten Verben wird das Präteritum vom Infinitivstamm gebildet. Eine kleine Anzahl von Verben, die zu unproduktiven Gruppen und Klassen gehören, bilden die Vergangenheit vom Präsensstamm (Futurstamm) oder von einem **besonderen** Präteritalstamm (z. B. trzeć – tarł, dt. reiben).

1.1. Präteritum vom Infinitivstamm

Auf diese Weise bilden ihr Präteritum Verben der 2., 3. und 4. Gruppe, sowie die Mehrheit der Verben der 1. Gruppe:
mieszkać – mieszkał; pisać – pisał; jechać – jechał; robić – robił.

1.2. Präteritum vom Präsensstamm (bzw. vom Futurstamm)

Verben der Gruppe 1b (s. Lektion 15), deren Infinitiv auf **-ść**, **-źć**, **-c** endet, bilden das Präteritum vom Präsensstamm (bzw. Futurstamm):
nieść – niosą: niosła; móc – mogą: mogła.
Anmerkung: das **ł** in der 3. Pers. Sg. männl. wird nicht ausgesprochen.

1.3. Präteritum vom Präteritalstamm

Von einem gesonderten Präteritalstamm wird das Präteritum folgender Verben gebildet:

– mit dem Infinitivstamm auf **-ną-**: das Präteritum wird dann ohne Suffix -ną- gebildet: chudnąć (mager werden, abnehmen) – chudł; marznąć (frieren) – marzł.
– mit dem Infinitiv auf -eć: tarł; żreć – żarł.

1.4. Einige Konjugationsbeispiele

Sing.			Pl.	
männl.	weibl.	sächl.	pers.	nichtpers.
robiłem	robiłam	–	robiliśmy	robiłyśmy
robiłeś	robiłaś	–	robiliście	robiłyście
robił	robiła	robiło	robili	robiły
niosłem	niosłam	–	nieśliśmy	niosłyśmy
niosłeś	niosłaś	–	nieśliście	niosłyście
niósł	niosła	niosło	nieśli	niosły
zacząłem	zaczęłam	–	zaczęliśmy	zaczęłyśmy
zacząłeś	zaczęłaś	–	zaczęliście	zaczęłyście
zaczął	zaczęła	zaczęło	zaczęli	zaczęły

2. Fragesätze

Die gewöhnliche Reihenfolge der Satzteile in einem Fragesatz:

a) Frage nach dem Subjekt:

Fragewort	Prädikat	Adv.-bestimmungen, Attribute, Objekte
Kto	przyjechał	wczoraj do Krakowa?
Co	jest	dzisiaj na kolację?

b) Frage nach einem anderen Satzteil; auch Frage nach dem ganzen Satz:

Fragewort	Subjekt	Prädikat	Adverbialbest., Attribute, Obj.
Kiedy (wann)	Marek	przyjechał	do Krakowa?
Czy	Marek	przyjechał	wczoraj wieczorem do Krakowa?

Hier einige Fragewörter:

kiedy – wann; **gdzie** – wo; **dokąd** – wohin; **skąd** – woher; **jak** – wie; **dlaczego** – warum; **ile** – wieviel.

Ćwiczenia

1. Proszę uzupełnić:

Wczoraj … dwa listy. (napisać; ja, ty; männl., weibl.)
Monika … punktualnie. (wrócić)
W niedzielę … u Marcina. (być; my, wy; pers., nichtpers.)
Andrzej … w Krakowie. (studiować)
Dorota i Barbara … Agnieszce fotografie z urlopu. (pokazać)

Nasi synowie ... na wakacje w góry. (pojechać)
Dziecko ... (ucieszyć się)
... kieliszki do koniaku. (kupić; ja – männl., weibl.; my – pers., unpers.)
Gdzie ... w piątek wieczorem? (być – ty, männl., weibl.)
Wczoraj ... z Teresą. (rozmawiać, ja – männl., weibl.)
Czy ... już ten artykuł? (czytać, ty – männl., weibl., wy – pers., unpers.)
Janusz ... francuskiego. (uczyć się)

2. Proszę przetłumaczyć:

1. Gestern habe ich einen Brief geschrieben. 2. Artur wartete auf mich im Theater. 3. Der Zug kam pünktlich. 4. Ich habe die Prüfung gut bestanden. 5. Am Abend waren wir im Kino. 6. Ich habe einen ledernen Koffer gekauft. 7. Wo wart ihr im August? 8. Herr Szymański wohnte in Lublin.

3. Proszę odpowiedzieć na pytania:

– Kto pisze list do Agnieszki?
– Kiedy Marek przyjechał do Krakowa?
– Czy Marek miał dobrą podróż?
– Kto czekał na Marka?
– Dokąd Marek i Grzegorz pojechali najpierw?
– Dokąd poszli po kolacji?
– Co Grzegorz pokazał Markowi?
– Dlaczego wczoraj Marek nie napisał listu?

4. Proszę opowiedzieć treść listu w 3. osobie (Geben Sie den Inhalt des Briefes in der 3. Pers. wieder.)

Anmerkung: Übung 3 kann Ihnen dabei behilflich sein.

5. Proszę napisać podobny list (Schreiben Sie einen ähnlichen Brief).

6. Proszę utworzyć pytania do podkreślonych części zdania (Bilden Sie Fragen zu den hervorgehobenen Satzteilen):

Jacek kupił nowy samochód.
Dorota mieszka **w Poznaniu**.
Wczoraj byliśmy w teatrze.
Teresa pojechała na urlop **do Rumunii**.

Lekcja 20

Kochany Marku!

Bardzo dziękuję za list. Dostałam go dziś rano. Cieszę się, że miałeś dobrą podróż. Pytasz, jak zdałam egzamin. Zdałam go na piątkę! Profesor zadał mi tylko trzy pytania. Dwa były bardzo łatwe i odpowiedziałam na nie błyskawicznie. Trzecie było trudniejsze, ale też nie sprawiło mi dużo kłopotu.
Wczoraj była u mnie Teresa. Pokazałam jej nową sukienkę. Bardzo jej się podobała. Prosiła mnie o wykrój. Obiecałam, że pomogę jej uszyć taką sukienkę.
Marku, tęsknię za Tobą! Wracaj szybko!
Co słychać u Grzegorza! Pozdrów go ode mnie. Tobie oczywiście przesyłam szczególnie gorące pozdrowienia.

Twoja Agnieszka

P.S. Marcin pytał o Ciebie. Chciał z Tobą omówić jakąś ważną sprawę, więc dałam mu Twój numer telefonu.

Agnieszka

Słowniczek

dziękować *(uv)* podziękować *(vo)*	danken	Dziękuję panu. Bardzo pani dziękuję.
dostawać *(uv)*	bekommen	Często dostaję listy.
dostać *(vo)*		Wczoraj dostałam kwiaty.
dziś, dzisiaj	heute	Dziś jedziemy do Poznania.

rano	Morgen, am Morgen, morgens	Wczoraj rano dostałem list od brata.
zadawać pytania *(uv)*	Fragen stellen	Dzieci zadają dużo pytań.
zadać pytanie *(vo)*	eine Frage stellen	Nauczyciel żadał trudne pytanie.
łatwy, -a, -e	einfach, leicht	Pytanie było łatwe.
błyskawicznie	blitzschnell	Odpowiedziałem błyskawicznie.
odpowiadać *(uv)*	antworten	Student odpowiada na pytanie.
odpowiedzieć *(vo)*		Już odpowiedziałem.
trzeci, -a, -e	der, die, das dritte	trzecie pytanie
trudny, -a, -e	schwierig	trudne pytanie
trudniejszy, -a, -e	schwieriger	Trzecie pytanie jest trudniejsze.
sprawiać kłopot *(uv)*	Schwierigkeiten bereiten	Dziecko sprawia kłopot.
sprawić kłopot *(vo)*		
podobać się *(uv)*	gefallen	Ten płaszcz bardzo mi się podoba.
prosić *(uv)*	bitten	Dziecko prosi o gitarę.
poprosić *(vo)*		Poproszę czarny pasek.
wykrój	Schnitt	wykrój bluzki
obiecywać *(uv)*	versprechen	
obiecać *(vo)*		Obiecaliśmy Barbarze, że pomożemy.
szyć *(uv)*	nähen	Krystyna dobrze szyje.

uszyć *(vo)*		Iwona uszyła sukienkę.
taki, -a, -ie	solcher, -e, -es	Pomogę ci uszyć taką spódnicę.
tęsknić *(uv)*	sich sehnen	Dziecko tęskni za rodzicami.
wracać *(uv)*	zurückkehren	Zaraz wracam.
wrócić *(vo)*		Wrócę wieczorem.
co słychać	was gibt es (Neues)	Co słychać u Wąs?
oczywiście	selbstverständlich	Oczywiście znam Adama.
przesyłać *(uv)*	senden, übersenden	Przesyłam Wam pozdrowienia.
szczególnie	besonders	szczególnie gorące pozdrowienia
gorący, -a, -e	heiß	gorąca zupa
	hier: innig	gorące pozdrowienia
pozdrowienia *(Pl.)*	Grüße	pozdrowienia dla Janka
chcieć *(uv)*	wollen	Tomasz chciał odwiedzić Dorotę.
omawiać *(uv)*	besprechen	Omawiamy nowy problem.
omówić *(vo)*		Musimy to omówić.
jakiś, -aś, -ieś	ein gewisser, irgendein	Telefonował jakiś pan.
ważny, -a, -e	wichtig	To jest bardzo ważne.
sprawa	Angelegenheit, Problem	To jakaś ważna sprawa.
więc	also	Jola ma mało czasu, więc nie idzie do kina.

Anmerkung:

In Polen gibt es in der Schule und im Studium andere Zensuren als in der DDR. Die beste ist eine Fünf, die schlechteste – eine Zwei.
5 – piątka 4 – czwórka 3 – trójka 2 – dwójka.
Um die Zensurenskala zu erweitern, werden auch Plus- und Minuszensuren erteilt. Endnoten (Prüfungs- und Zeugniszensuren) werden jeweils ohne Plus oder Minus erteilt. "Zdać na piątkę" bedeutet also "sehr gut bestehen", und in der Umgangssprache bedeutet der Ausdruck "na piątkę" – "sehr gut, prima".

Gramatyka

Deklination der Personalpronomina

Nom.	Gen.	Dat.	Akk.	Instr.	Lok.
ja	mnie	mnie, mi	mnie	mną	(o) mnie
ty	ciebie	tobie, ci	ciebie, cię	tobą	(o) tobie
on	jego, go (niego)	jemu, mu (niemu)	jego, go (niego)	nim	(o) nim
ona	jej (niej)	jej (niej)	ją (nią)	nią	(o) niej
ono	jego, go (niego)	jemu, mu (niemu)	je (nie)	nim	(o) nim
my	nas	nam	nas	nami	(o) nas
wy	was	wam	was	wami	(o) was
oni	ich (nich)	im (nim)	ich (nich)	nimi	(o) nich
one	ich (nich)	im (nim)	je (nie)	nimi	(o) nich

Die Kurzformen der Personalpronomina (**mi**, **ci**, **cię**, **go** usw.) werden gewöhnlich nach dem ersten betonten Wort im Satz gebraucht. In Verbindung mit Präpositionen sowie an betonter Stelle können nur vollständige Formen stehen.

Hier einige *Beispiele*:

Pozdrawiam **Cię** gorąco.
Daj **mu** książkę!

Pozdrawiam **Ciebie** i Hannę.
Daj książkę **jemu**, a nie **mnie**!
Te kwiaty są dla **ciebie**.

Die mit **ni-** beginnenden Formen werden nur nach Präpositionen gebraucht; dagegen werden Formen mit **j-** (**i-**) dann gebraucht, wenn das Personalpronomen ohne Präposition steht.

Beispiele:

Jego nie znam.
Widziałem **ich** wczoraj.

Idę do **niego**.
Dostałem od **nich** list.

Ćwiczenia

1. Proszę odpowiedzieć na pytania, używając w odpowiedziach na każde pytanie wszystkich zaimków osobowych (Beantworten Sie die Fragen. Antworten auf jede Frage sollen alle Personalpronomina enthalten):

Kto dostał wczoraj list? Dla kogo są te kwiaty? Komu Ewa pomaga nakryć do stołu? Kogo wczoraj odwiedził Marcin? Z kim Roman był w Bułgarii? O kim opowiada Henryk?

2. Proszę uzupełnić zdania podanymi w nawiasach zaimkami w odpowiednim przypadku (Ergänzen Sie die Sätze mit den in Klammern angegebenen Pronomina im entsprechenden Kasus):

1. Pan Stawecki ... nie zna. (ja, on, wy) 2. Profesor zadał ... tylko jedno pytanie. (ja, ona, my) 3. On ... bardzo lubi. (ono, ona, oni) 4. Czy pójdziesz z ... do kina? (on, my, one) 5. Stefan opowiada Andrzejowi o ... (ty, ona, oni)

3. Proszę zastąpić podkreślone rzeczowniki zaimkami (Ersetzen Sie die hervorgehobenen Substantive durch Pronomina):

Małgorzata dostała list od **Adama**. Profesor zadał **studentowi** trudne pytanie. **Student** dobrze odpowiedział na **pytanie**. Idę z **Anną i Julią** do **Michała**. To są książki **dla dzieci**. Ojciec poszedł z **dziećmi** do parku. **Janusz** dał **Marzenie** kwiaty. Ta bluzka jest elegancka, ale dla **Magdy** za ciasna.

4. Proszę przetłumaczyć:

1. Ich habe heute den Brief bekommen. Ich danke Dir für ihn. 2. Ich habe ein neues Kleid. Es ist sehr elegant. Es gefällt mir sehr gut. Meine Schwester war gestern bei mir. Das Kleid hat auch ihr gefallen. 3. Wir lernen Polnisch. Diese Sprache (język) bereitet uns manchmal Schwierigkeiten, aber sie gefällt uns. 4. Andrzej hat mich um das Buch gebeten. Ich habe es ihm gegeben.

5. Proszę odpowiedzieć na pytania:

Kiedy Agnieszka dostała list? Jak Agnieszka zdała egzamin? Ile pytań jej profesor? Czy pytania były trudne? Kto był wczoraj u Agnieszki? Co jej się podobało? O co Teresa prosiła Agnieszkę? Co Agnieszka obiecała Teresie? Kto pytał o Marka? Dlaczego? Co mu dała Agnieszka?

6. Proszę opowiedzieć treść listu w 3. osobie (Geben Sie den Inhalt des Briefes in der 3. Person wieder).

7. Proszę napisać podobny list (Schreiben Sie einen ähnlichen Brief).

Lekcja 21

Magda: Masz śliczną sukienkę. Sama uszyłaś?
Iza: Nie, kupiłam w ubiegłym tygodniu w "Modzie Polskiej".
Magda: Ile kosztowała?
Iza: Nie była droga: tysiąc pięćset osiemdziesiąt złotych.
Magda: To rzeczywiście tanio.
Iza: Kupiłam też sobie nowe buty. Podobają ci się?
Magda: Bardzo! Wygodne?
Iza: I to jak! Ale były drogie.
Magda: Ile dałaś?
Iza: Trzy tysiące siedemset złotych.
Magda: Sporo. Ja też chcę kupić sobie nowe buty. Mam szarą sukienkę i wiśniową apaszkę z jedwabiu. Teraz szukam wiśniowych butów i wiśniowej torebki.
Iza: Masz przy sobie pieniądze?
Magda: Tak, mam cztery tysiące.
Iza: Może poszukamy razem? Znam tu niedaleko trzy sklepy z obuwiem i dwa z galanterią skórzaną.
Magda: Chyba nie zdążymy, za dwadzieścia minut zamykają sklepy.
Iza: Nie szkodzi. Obejrzymy wystawy, a jutro możesz przyjechać na zakupy.

Anmerkung: die unpersönliche Form "sklepy zamykają" bedeutet "Läden werden geschlossen".

Słowniczek

ubiegły, -a, -e	vergangen, vorig	w ubiegłym miesiącu

tydzień	Woche	Spędziliśmy tydzień nad morzem.
“Moda Polska”	“Polnische Moden”, exquisites Modegeschäft	
kosztować *(uv)*	kosten	Bilet do kina kosztuje czterdzieści złotych.
tanio	billig *(Adv)*	Ten płaszcz kupiłam tanio.
rzeczywiście	wirklich	Ewa rzeczywiście zdała trudny egzamin.
but	Schuh	eleganckie buty
i to jak!	und wie!	
ile dałaś (dałeś)?	umgangsspr.: was hast du bezahlt?	Masz ładny płaszcz. Ile dałaś za niego?
sporo	ziemlich viel	Ta sukienka sporo kosztuje, ale jest śliczna.
sobie	sich selbst	Kupiłam sobie torebkę.
szary, -a, -e	grau	Chcę sobie kupić szarą spódnicę.
wiśniowy, -a, -e	1. dunkelrot, kirschrot	wiśniowa torebka
	2. Sauerkirsch-	zupa (Suppe) wiśniowa
apaszka	Halstuch	jedwabna apaszka
szukać *(uv)*	suchen	Szukam listu od Marii.
poszukać *(vo)*		Poszukaj jeszcze tam!

przy sobie	bei sich	Nie mam przy sobie pieniędzy.
pieniądze	Geld	
niedaleko	unweit, in der Nähe	Niedaleko mieszka Leszek.
sklep	Laden, Geschäft	sklep z jedwabiem
obuwie	Schuhwaren	sklep z obuwiem
galanteria skórzana	Lederwaren, -beiwerk	sklep z galanterią skórzaną
chyba	wohl, wahrscheinlich	Ewa jest chyba u Basi.
zdążyć *(vo)*	hier: schaffen	Nie zdążyłam kupić butów.
	auch: erreichen	Nie zdążyłem na pociąg.
zamykać *(uv)*	schließen	Zamykamy już sklep.
zamknąć *(vo)*		zamknąć walizkę
szkodzić *(uv)*	schaden	nie szkodzi
zaszkodzić *(vo)*		Co ci zaszkodziło?
wystawa	Schaufenster	Na wystawie jest ładny płaszcz.
jutro	morgen	Jutro możesz tu przyjechać.
zakupy	Einkäufe	Muszę zrobić zakupy.
na zakupy (iść)	einkaufen (gehen)	Idę na zakupy.

Gramatyka

1. Kardinalzahlen

1.1. Überblick über die Kardinalia

1 jeden	11 jedenaście
2 dwa	12 dwanaście
3 trzy	13 trzynaście
4 cztery	14 czternaście
5 pięć	15 piętnaście
6 sześć	16 szesnaście
7 siedem	17 siedemnaście
8 osiem	18 osiemnaście
9 dziewięć	19 dziewiętnaście
10 dziesięć	20 dwadzieścia

20 dwadzieścia	
30 trzydzieści	200 dwieście
40 czterdzieści	300 trzysta
50 pięćdziesiąt	400 czterysta
60 sześćdziesiąt	500 pięćset
70 siedemdziesiąt	600 sześćest
80 osiemdziesiąt	700 siedemset
90 dziewięćdziesiąt	800 osiemset
100 sto	900 dziewięćset

1 000 tysiąc
2 000 dwa tysiące
5 000 pięć tysięcy

1.2. Besonderheiten

Folgende Kardinalia haben besondere Formen:

jeden: männl.: jeden; weibl.: jedna; sächl.: jedno;
dwa: männl. pers.: dwaj; männl. unpers.: dwa; weibl.: dwie; sächl.: dwa; männl. + weibl.: dwoje.

Alle Sammelzahlen (für männl. u. weibl. Geschlecht zugleich) ab 4 haben die Endung **-oro**: **czworo**, **pięcioro**,

sześcioro. Es betrifft jedoch nicht Kardinalia, die volle Hunderter (Tausender usw.) bezeichnen. Die Sammelzahl von **trzy** lautet **troje**.
Bei männl. pers. Substantiven, deren Anzahl angegeben wird, haben die Zahlen folgende Endungen: 3 – trzej; 4 – czterej. Ab der Zahl 5: 5 – pięciu; 10 – dziesięciu; 12 – dwunastu; 20 – dwudziestu; 100 – stu; 200 – dwustu; 300 – trzystu; 400 – czterystu. Für Hunderte ab 500 erhält nur der erste Teil die Endung **-u**: 500 – pięciuset; 600 – sześciuset; usw. Volle Tausender erhalten keine Endung.

1.3. Zusammengesetzte Kardinalia

Hier handelt es sich um Kardinalia, die keine vollen Hunderter (Tausender usw.) bezeichnen. Sie werden anders als im Deutschen gebildet:
bis 100 zuerst die Zehner, dann die Einer: 21 – dwadzieścia jeden; 22 – dwadzieścia dwa; 89 – osiemdziesiąt dziewięć;
ab 100 erst die Hunderter, dann die Zehner, dann Einer, und ab 1 000 ähnlich: 135 – sto trzydzieści pięć; 2 347 – dwa tysiące trzysta czterdzieści siedem; 5 213 – pięć tysięcy dwieście trzynaście.
Alle Bestandteile der Zahl werden getrennt geschrieben.

2. Von Adjektiven abgeleitete Adverbien

Es gibt folgende Möglichkeiten, Adverbien von Adjektiven abzuleiten:

a) mit dem Suffix **-o**: von weichstämmigen Adjektiven (głupi – głupio) sowie von Adjektiven, deren Stamm auf b, ch, d, g, k, p, s endet (drogi – drogo; wysoki – wysoko). Außerdem gibt es eine Reihe hartstämmiger Adjektive, von denen Adverbien ebenfalls mit dem Suffix **-o** gebildet werden (ciemny – ciemno; czarny – czarno).

b) mit dem Suffix **-e**, was mit einem Konsonanten einhergeht, werden Adverbien von einigen hartstämmigen Adjektiven gebildet. Dabei wird der harte Konsonant weich bzw. funktional weich (dobry – dobrze; lekkomyślny – lekkomyślnie; modny – modnie).
c) mit Hilfe der Präposition **po** und des Suffixes **-u**: von Adjektiven, die auf -ski und -cki enden (polski – po polsku; niemiecki – po niemiecku).

3. Das Reflexivpronomen

Das Reflexivpronomen **się** (sich, mich selbst, dich selbst usw.) hat keinen Nominativ. Die Deklination lautet:

Nom.	–
Gen.	siebie
Dat.	sobie
Akk.	siebie/się
Instr.	sobą
Lok.	(o) sobie

Das Reflexivpronomen wird gebraucht, wenn das Subjekt des Satzes unabhängig von der Person gleichzeitig Besitzer der erwähnten Gegenstände ist.

Beispiele:

Kupiłam sobie torebkę. (Ty) kupiłeś sobie płaszcz. Ona kupiła sobie nowe buty.

Ćwiczenia

1. Proszę rozpoznać napisane liczby (Erkennen Sie die geschriebenen Zahlen):

pięć; jedenaście; dwanaście; czterdzieści; sześćdziesiąt trzy; osiemdziesiąt jeden; sto dwa; dwieście trzynaście; pięćset czterdzieści trzy; osiemset osiemnaście; dziewięćset sześć; tysiąc cztery; pięć tysięcy; sześć tysięcy trzysta siedemdziesiąt; dziewiętnaście tysięcy sto szesnaście.

2. Proszę obejrzeć ilustracje i odpowiedzieć na pytania (Betrachten Sie die Illustrationen und beantworten Sie die Fragen):

1. Ile kosztuje torebka? 2. Ile kosztuje bluzka? 3. Ile kosztuje spódnica? 4. Ile kosztują buty? 5. Ile kosztuje książka? 6. Ile kosztuje kieliszek? 7. Ile kosztuje sukienka? 8. Ile kosztuje sześć kieliszków? 9. Ile kosztuje pięć książek? 10. Ile kosztują dwie bluzki? 11. Ile kosztują buty i torebka? 12. Ile kosztują buty i sukienka? 13. Ile kosztują spódnica i bluzka? 14. Ile kosztują torebka i spódnica?

3. Proszę przeczytać i napisać następujące liczby (Lesen und schreiben Sie folgende Zahlen):

3; 14; 26; 40; 57; 63; 66; 74; 106; 160; 254; 314; 340; 344; 514; 859; 919; 1 140; 1 596; 1 958; 19 999.

4. Proszę utworzyć przysłówki według wzoru (Bilden Sie Adverbien nach dem Muster):

Wzór: wysok dom – mieszkam ... mieszkam wysoko
język angielski – mówić ... mówić po angielsku

tani płaszcz – sprzedać (verkaufen) ...; drogi samochód – kupić ...; lekkomyślny syn – ... postąpić (sich benehmen); wysoki dom – mieszkać ...; gustowny płaszcz – ubierać się (sich kleiden) ...; francuski film – rozumieć ...; szeroki most (Brücke) – tu jest ...; spokojny syn – mówić ...; polski język – mówić ...; niewygodny tapczan – tu jest ...; przyjemny wieczór – było ...; mały kieliszek – ... wina; świetny nauczyciel – ... uczyć; elegancki płaszcz – ubierać się ...; nerwowy student – ... opowiadać; dobry film – to bardzo ...; szwedzki język – mówić ...; daleki kuzyn – mieszkać ...; nowoczesny samochód – postępować ...

5. Proszę uzupełnić:

Ewa hat sich einen Rock genäht.
Ich habe mir neue Schuhe gekauft.
Erzähle etwas über dich!
Wir sehen uns Schaufenster an.
Habt ihr euch ein Auto gekauft?

6. Proszę uzupełnić:

W ubiegłym ... Iza kupiła sobie nową ... Sukienka nie była droga, kosztowała ... złotych. Iza ma też nowe ... Są bardzo ... Magda chce sobie również kupić ... Szuka ... butów i wiśniowej ... Iza chce pokazać jej sklepy z ... i z galanterią ...

Lekcja 22

Pani Jaworska: Dostaliśmy niedawno nowe mieszkanie. Może przyjdziesz do nas?
Pani Marczak: Chętnie. Gdzie mieszkacie?
Pani J.: Na Stegnach.
Pani M.: Jakie jest to mieszkanie?
Pani J.: Duże, słoneczne. Mamy cztery pokoje z kuchnią, łazienką i balkonem.
Pani M.: Czy pokoje są duże?
Pani J.: Dwa są duże: osiemnaście i dwadzieścia trzy metry kwadratowe. Dwa następne są małe: po dziesięć metrów kwadratowych. W dwóch pokojach mieszkają dzieci: Kasia i Ania mają duży pokój z balkonem, Michał – jeden z małych pokoi. Naprzeciwko pokoju Michała jest gabinet męża.
Pani M.: Kupiliście nowe meble?
Pani J.: Tak, dwa wygodne fotele, wersalkę, regał oraz trzy tapczany dla dzieci.
Pani M.: Czujecie się dobrze w nowym mieszkaniu?
Pani J.: O tak! Obie dziewczynki cieszą się z balkonu, zasadziły tam kolorowe kwiaty. Mąż ma wreszcie pokój do pracy, Michał miejsce na książki, a ja – przestronną kuchnię. Odwiedź nas koniecznie!

Słowniczek

niedawno	vor kurzem	Niedawno przyjechałam.
chętnie	gern	Może chcesz kieliszek wina? Chętnie.

Stegny	ein neues Wohngebiet in Warschau	
kuchnia	Küche	mała kuchnia
łazienka	Bad (mit oder ohne WC)	pokój z łazienką
toaleta	Toilette	Gdzie jest toaleta?
balkon	Balkon	Dzieci są na balkonie.
metr kwadratowy	Quadratmeter	Ten pokój ma 15 metrów kwadratowych.
następny, -a, -e	nächst	W następnym pokoju mieszka Hanka.
naprzeciwko	gegenüber	Naprzeciwko teatru jest szkoła.
gabinet	1. Arbeitszimmer	Tu jest mój gabinet.
	2. Sprechzimmer	Gdzie jest gabinet doktora Jaworskiego?
mebel	Möbelstück	Chcemy kupić meble.
fotel	Sessel	wygodne fotele
regał	Regal; Schrankwand	Mamy nowy regał.
czuć się *(uv)*	sich fühlen	Jak się czujesz?
sadzić *(uv)*	pflanzen	Czy sadzisz teraz kwiaty?
zasadzić, posadzić *(vo)*		Nie, już zasadziłem.
kolorowy, -a, -e	bunt, farbig	kolorowe sukienki
wreszcie	endlich	Wreszcie wróciłeś!

pokój do pracy	Arbeitszimmer	wygodny pokój do pracy
miejsce	Platz (als Räumlichkeit)	Nie kupiłam wersalki, ponieważ nie mam miejsca w mieszkaniu.
przestronny, -a, -e	geräumig	przestronne mieszkanie
koniecznie	unbedingt	Przyjdź koniecznie do nas!

Erweiterung des Wortschatzes

sypialnia (pokój sypialny)	Schlafzimmer
jadalnia (pokój jadalny, pokój stołowy)	Eßzimmer
pokój mieszkalny	Wohnzimmer
pokój dziecięcy	Kinderzimmer

Gramatyka

1. Deklination der Kardinalia

1.1. Das Zahlwort jeden

Jeden wird wie Adjektive dekliniert (s. L. 13). Im Sg. hat es 3 Genera, im Pl. 2. Der Gebrauch der Pluralformen:

- mit Pluraliatantum: **jedni** rodzice, **jedne** spodnie (Hose);
- mit paarweise vorkommenden Gegenständen: **jedne** buty;
- in den Gegenüberstellungen **jedni** – **inni** (die einen – die anderen): Jedni pracują, inni słuchają radia.

1.2. Das Zahlwort **dwa**

Es wird wie folgt dekliniert:

Kasus	männl.-pers.	männl.-nicht-pers. u. sächl.	weibl.
Nom.	dwaj	dwa	dwie
Gen.	dwóch, dwu	dwóch, dwu	dwóch, dwu
Dat.	dwom, dwu	dwom, dwu	dwom, dwu
Akk.	dwóch, dwu	dwa	dwie
Instr.	dwoma	dwoma	dwiema, dwoma
Lok.	(o) dwóch, dwu	(o) dwóch, dwu	(o) dwóch, dwu

Ähnlich werden Numeralia **obaj**, **oba**, **obie** sowie **obydwaj**, **obydwa**, **obydwie** dekliniert.

1.3. Die Zahlwörter **trzy i cztery**

Kasus	pers.	nichtpers.
Nom.	trzej, czterej	trzy, cztery
Gen.	trzech, czterech	trzech, czterech
Dat.	trzem, czterem	trzem, czterem
Akk.	trzech, czterech	trzy, cztery
Instr.	trzema, czterema	trzema, czterema
Lok.	(o) trzech, czterech	(o) trzech, czterech

1.4. Die Numeralia **5–10**

Kasus	pers.	nichtpers.
Nom.	pięć	pięć
Gen.	pięciu	pięciu
Dat.	pięciu	pięciu
Akk.	pięciu	pięć
Instr.	pięcioma, pięciu	pięcioma, pięciu
Lok.	(o) pięciu	(o) pięciu

Nach diesem Paradigma werden auch die Numeralia 6–10 dekliniert.
Die Numeralia **siedem** und **osiem** haben jedoch vor den Endungen **-oma**, **-u** ein palatalisiertes **-mi**: siedm**ioma**, ośm**iu**.

1.5. Andere Numeralia

Die Numeralia **11–19** sowie **20**, **30** und **40** werden ähnlich wie **pięć** dekliniert, d. h. die Endungen sind die gleichen, nur im Stamm gibt es Veränderungen: vor den Endungen **-oma**, **-u** wird **-ść-** zu **-st-**: trzynaście – trzynast**u**, czterdzieści – czterdziest**oma**.
Die Numeralia **dwanaście** und **dwadzieścia** haben vor diesen Endungen den Stamm **dwunast-** bzw. **dwudziest-**: **dwunastu**, **dwudziestoma**.
Die Numeralia **50**, **60**, **70**, **80** und **90** werden ähnlich wie **pięć** dekliniert, jedoch das **-ąt** am Wortende wird durch **-ęć** ersetzt: pię**ć**dziesi**ąt** – pię**ć**dziesi**ę**ciu, siedemdziesi**ąt** – siedemdziesi**ę**cioma.
Sto hat im Nominativ beider Geschlechter und im Akk. des nichtpersonalen Geschlechts die Form **sto**, in allen anderen Fällen – **stu**. **Dwieście** in den analogen Fällen: **dwieście** und **dwustu**. **Trzysta** und **czterysta** haben in den Fällen außer Nom. und Akk. des nichtpers. Geschlechtes die Form trzyst**u**, czteryst**u**.
Die Formen der Numeralia **500**, **600**, **700**, **800**, **900** lauten in den übrigen Kasus pięci**uset**, sześci**uset**, siedmi**uset**, ośmi**uset**, dziewięci**uset**. **Tysiąc** und **milion** werden wie unbelebte männliche Substantive dekliniert.
Zusammengesetzte Substantive verlangen, daß alle Glieder dekliniert werden: dwudziestu pięcioma, siedemdziesięciu trzem, stu dwudziestu czterech. “Tysiąc” und “milion” behalten in diesen Fällen die Form des Nom. Sg. bzw. Pl.: tysiąc dwustu trzydziestu ośmioma, pięć tysięcy sześciuset trzydziestu.

1.6. Einige syntaktische Besonderheiten der Numeralia

Die Numeralia 5–999 verlangen, daß ein Substantiv, das mit dem Nom. bzw. Akk. eines von ihnen verbunden ist, im Gen. Pl. steht:
czternaście mieszkań, sto złotych
Renata kupiła sześć płyt.
In den übrigen Fällen steht das Substantiv in demselben Kasus wie das Numerale:
film o siedmiu braciach, wakacje z pięcioma koleżankami.
Bei allen Kasus von "tysiąc" und "milion" muß das Substantiv im Gen. Pl. stehen: o tysiącu miast, z milionem złotych.

2. Deklination des Substantivs im Plural

2.1. Personale Substantive

Hier eine kurze Übersicht über die Endungen:

Nom.	-owie, -i/-y, -e
Gen.	-ów, -y/-i
Dat.	-om
Akk.	= Gen.
Instr.	-ami, (-mi)
Lok.	-ach

Die Formenbildung im Nom., Akk., Instr. und Lok. wurde schon besprochen (s. L. 7 und 15). Der Dativ hat immer die Endung **-om**. Im Gen. sind die Endungen **-ów** und **-y/-i** möglich:

a) die Endung **-ów** haben alle hartstämmigen Substantive, z. B.: profesor – profesor**ów**, pan – pan**ów**. Auch einige weichstämmiger Substantive erhalten diese Endung. Es sind Substantive, die im Nom. Pl. auf **-owie** enden (uczeń, ucznio**wie**, uczni**ów**), und Substantive, die im Nom. Sg. auf **-c** oder **-dz** enden (chłopiec – chłopc**ów**).

b) Die Endung **-i/-y** haben weichstämmige Substantive, die unter a) nicht erwähnt wurden. Die Endung **-y** kommt nach funktional weichen Konsonanten vor (lekarz – lekarzy), die Endung **-i** nach phonetisch weichen (nauczyciel – nauczycieli).

2.2. Nichtpersonale Substantive

Die Endungen der nichtpersonalen Substantive im Nom., Akk., Instr. und Lok. Pl. wurden in den Lektionen 7 und 15 erläutert. Im Dativ erhalten alle Substantive die Endung **-om**. Im Genitiv sind folgende Endungen möglich: **-ów**, **-y/-i**, **Ø**. Eine Übersicht über die Endungen:

Kasus	Geschlecht des Subst. im Sg.		
	männl.	weibl.	sächl.
Nom.	-y/-i, -e		-a
Gen.		-ów, -y/-i, -Ø	
Dat.		-om	
Akk.		= Nom.	
Instr.		-ami (-mi)	
Lok.		-ach	

Die Endung **-ów** erhalten im **Genitiv**:
– die meisten Maskulina: teatr – teatrów, kraj – krajów (Land);
– Neutra auf **-um**: muzeum – muzeów;

Die Endung **-y/-i** (**-y** nach funktional weichem Konsonanten):
– Maskulina und Feminina, die im Nom. Sg. auf einen weichen Konsonanten enden: noc – nocy (Nacht), nóż – noży, talerz – talerzy;
– weichstämmige Feminina, die auf **-ja**, **-ia**, **-la** enden: racja – racji, melodia – melodii, kolacja – kolacji (Abendbrot);
– Neutra auf **-e**: wybrzeże – wybrzeży (Küste).

Endungslos sind nichtpersonale Substantive, die im Nom. Sg. auf einen Vokal enden, z. B.: pani – pań, ulica – ulic (Straße), miasto – miast. Durch das Fehlen der Endung werden folgende Vokalwechsel im Stamm des Substantivs verursacht:

- **Ø**: **e**: zwischen die beiden letzten Konsonanten des Stammes wird ein **-e** eingeschoben: matka – matek (Mutter), wanna – wanien (Badewanne);
- **o**: **ó**: szkoła – szkół, słowo – słów, sobota – sobót (Samstag);
- **ę**: **ą**: święto – świąt (Feiertag), dziewczę – dziewcząt;

3. Deklination Plural der Adjektive

Ähnlich wie das Substantiv hat das Adjektiv im Plural nur 2 Genera: das personale und das nichtpersonale. Die Endungen enthält die Tabelle:

Kasus	pers. Geschl.		nichtpers. Geschl.
Nom.	-y/-i		-e
Gen.		-ych/-ich	
Dat.		-ym/-im	
Akk.	= Gen.		= Nom.
Instr.		-ymi/-imi	
Lok.		-ych/-ich	

Endet der Stamm der Adjektive auf einen **harten** Konsonanten, so hat das Adjektiv die Endung mit **-y**. Wenn der Stamm auf einen phonetisch **weichen** Konsonanten bzw. auf **k**, **g** endet, erhält das Adjektiv in allen Kasus die Endung mit **-i-**.

Ćwiczenia

1. Proszę zastąpić cyfry słowami (Ersetzen Sie bitte die Ziffern durch Wörter)

a) Wczoraj odwiedziły mnie 2 (3, 4) koleżanki.
Do Jurka przyjechali 2 (3, 4) bracia.
W tym mieszkaniu są 2 (3, 4) pokoje.

b) Te książki są dla 2 (3, 4) córek pani Tomczak.
Dziś w klubie nie ma 2 (3, 4) kolegów.
Nie mam 2 (3, 4) pokoi, mam tylko jeden pokój.

c) Matka dała 2 (3, 4) córkom pieniądze na zakupy.
Profesor dał 2 (3, 4) studentom książki.
Przyglądam się 2 (3, 4) torebkom.

d) Ewa odwiedziła 2 (3, 4) koleżanki.
Bardzo lubię 2 (3, 4) braci Moniki.
Kupiłam sobie 2 (3, 4) książki o Grecji.

e) Wczoraj byliśmy z 2 (3, 4) kuzynkami w operze.
Roman poszedł z 2 (3, 4) kolegami do biblioteki.
Marysia wróciła z zakupów z 2 (3, 4) nowymi bluzkami.

f) Marek opowiada o 2 (3, 4) studentkach matematyki.
Czy już czytaliście artykuł o 2 (3, 4) francuskich sportowcach?
Opowiedz mi o 2 (3, 4) miastach w Szwajcarii!

2. Proszę wstawić w wolne miejsca liczebnik obaj – obie – oba (obydwaj – obydwie – obydwa) w odpowiednim przypadku (Setzen Sie in die Lücken das Numerale obaj – obie – oba bzw. obydwaj – obydwie – obydwa in dem richtigen Kasus ein):

a) Czy ... synowie Kowalczyków już pracują?
Nie wiem, dawno nie widziałem ... synów Kowalczyków.
Profesor zadał ... studentom trudne pytania.

Czy zna pan dobrze ... braci doktora Piotrowskiego?
Dyrektor rozmawia z ... nauczycielami fizyki.
Czy już słyszałaś o ... synach Kowalczyków?

b) ... moje siostry studiują w Krakowie.
Nie kupiłam ... torebek, kupiłam tylko białą.
Michał dał książki ... siostrom.
Znam dobrze ... córki pani Milewskiej.
Zosia pojechała w góry z ... kuzynkami.
Andrzej opowiedział nam o ... siostrach Krystyny.

c) ... pokoje w mieszkaniu Krystyny są małe, ale słoneczne.
Nie mam dziś ... listów od Ewy, mam tylko jeden.
Czy też przyglądasz się ... książkom o elektronice?
Czy znasz ... filmy Wajdy?
Słowikowscy pojechali na urlop ... samochodami.
W ... pokojach Krystyna ma wygodne meble.

3. Proszę ułożyć zdania:

a)

Na obóz			studentek, koleżanek,
Do Bułgarii	jedzie	5, 6, 7, 8	studentów, kolegów,
W góry			sportowców, chłopców

b)

Profesor		mi		łatwych pytań
Docent	zadał	nam	6, 8, 9, 11	trudnych pytań
Nauczyciel		jemu		

c)

Daliśmy Kupiliśmy	kwiaty	5, 6, 9, 10	pielęgniarkom, paniom, lekarzom, nauczycielom, profesorom

d)

Magda Ewa Karol	zna dobrze	7, 8, 10, 14	sportowców, profesorów, lekarzy, nauczycielek, sprzedawczyń, studentek

e) Byliśmy	na Węgrzech w górach na urlopie	z 5, 6, 10, 12	kolegami, koleżankami, sportowcami, panami, studentkami, paniami
f) Marek Stefan Adam	opowiada	o 5, 7, 8, 10	znajomych, studentach, sportowcach, koleżankach, kuzynkach, studentkach

4. Proszę odpowiedzieć na pytania:

Kto odwiedził wczoraj Michała? (2 koleżanki, 3 koledzy, 5 studentów).
Kogo wczoraj widziałeś w teatrze? (2 profesorów, 4 studentki, 5 pielęgniarek).
Komu dałeś kwiaty? (3 lekarzom, 4 pielęgniarkom, 6 koleżankom).
Kogo odwiedziłaś w Warszawie? (2 braci, 3 siostry, 4 kuzynki)
Z kim byliście nad morzem? (z 2 córkami, z 3 synami, z 6 kolegami)
O kim opowiada Anna? (o 3 synach, o 4 siostrach, o 5 koleżankach).

5. Proszę utworzyć zdania:

To są (interesujące filmy, ciekawe książki, wygodne buty, zdolni koledzy).
Nie mam (muzykalni bracia, duże pokoje, eleganckie sukienki, bilety autobusowe).
Przyglądam się (ładne torebki, szybkie samochody, modne płaszcze, skórzane walizki).
Dorota kupiła (tanie kieliszki, interesujące książki, skórzane buty, wygodne fotele).
Znam dobrze (młodzi Kowalscy, roztargnione siostry Marii, muzykalni studenci, zdolni architekci).

Jedziemy na obóz z (dobrzy sportowcy, małe dzieci, zdolni gitarzyści, ładne studentki).
Maria często opowiada o (zdolni studenci, roztargnieni profesorowie, modne sukienki, ciekawe miasta).

6. Proszę odpowiedzieć na pytania:

1. Kto dostał niedawno nowe mieszkanie? 2. Gdzie mieszkają państwo Jaworscy? 3. Czy mieszkanie państwa Jaworskich jest duże? 4. Ile pokoi mają państwo Jaworscy? 5. Kto mieszka w pokoju z balkonem? 6. Czy pokój Michała jest duży? 7. Czy pan Jaworski ma pokój do pracy? 8. Jaka jest kuchnia? 9. Jakie meble kupili państwo Jaworscy? 10. Czy państwo Jaworscy czują się dobrze w nowym mieszkaniu?

7. Proszę opowiedzieć o nowym mieszkaniu państwa Jaworskich.

8. Proszę przetłumaczyć:

Herr und Frau Michalak haben im Mai eine neue Wohnung bekommen. Sie ist groß und bequem. Beide Zimmer sind geräumig und sonnig. Auch die Küche ist hell und groß. In einem Zimmer wohnt die Tochter Ewa. Im Zimmer der Eltern sind neue Möbel: eine Klappcouch, drei braune Sessel, ein Tisch und eine dunkle Schrankwand. Auf dem Balkon gibt es schöne Blumen, denn Frau Michalak liebt farbige Blumen.

Lekcja 23

Michał: Jeszcze nie widziałeś naszego nowego mieszkania. Chodź, pokażę ci je!
Darek: Chętnie. Masz swój pokój?
Michał: Oczywiście! Mamy cztery pokoje: dwa duże i dwa małe. Ja mam mały pokój z widokiem na plac zabaw.
Darek: Fajnie!
Michał: Aha! Popatrz, na lewo jest kuchnia.
Darek: Jaka duża! Możecie tu jeść posiłki. W naszej kuchni nie ma tyle miejsca.
Michał: Chodź dalej! Obok kuchni jest pokój naszych rodziców. W ciągu dnia przychodzę tu ze swoimi siostrami oglądać telewizję, bo w naszych pokojach nie ma telewizorów.
Darek: Czy twoje siostry mają też swoje pokoje?
Michał: Nie, one mają jeden wspólny pokój naprzeciwko pokoju rodziców. Popatrz!
Darek: Ich pokój też jest duży!
Michał: Tak, w ich pokoju jest dużo miejsca. A na lewo od ich pokoju znajduje się mój pokoik.
Darek: Ile ty masz książek w swoim pokoiku!
Michał: Jak widzisz, w moim pokoju jest dość miejsca na książki i płyty. Jeśli chcesz, możemy posłuchać moich płyt.
Darek: Chętnie, ale jeszcze nie widziałem wszystkich pokoi.
Michał: Naprzeciwko mojego pokoju jest gabinet ojca. Ojciec jest teraz zajęty, nie wolno mu przeszkadzać.
Darek: A co jest między twoim pokojem a gabinetem ojca?
Michał: Łazienka.
Darek: To wszystko, prawda? Chodźmy więc posłuchać twoich płyt!

Słowniczek

widzieć	sehen	Czy widziałeś nowy film Zanussiego?
widok	Ausblick, Aussicht	pokój z widokiem na park
plac	Platz	Plac Konstytucji
zabawa	Spiel	plac zabaw
fajnie	fein, schön (adv., Jugendsprache)	Tu jest fajnie.
aha	ja (umgangssprachl.)	
lewy, -a, -e	der, die, das linke	lewa ręka
na lewo	links	Na lewo jest park.
kuchnia	Küche	w kuchni
jeść *(uv)* zjeść *(vo)*	essen	Co jadłeś na kolację? Już zjadłam.
posiłek	Mahlzeit	gorący posiłek
tyle	so viel, soviel	tyle miejsca
dalej	weiter	Dalej jest szkoła.
obok	neben	A co jest obok?
ciąg	hier: Dauer, Verlauf	w ciągu miesiąca
dzień, *Pl.* dni	Tag	deszczowy dzień
bo	weil, denn	Renata słucha płyt, bo lubi muzykę.
wspólny, -a, -e	gemeinsam	wspólny pokój
naprzeciwko	gegenüber	Ewa mieszka naprzeciwko teatru.
miejsce	Platz, Raum, Ort	nie ma miejsca
znajdować się	sich befinden	Gdzie znajduje się uniwersytet?

pokoik	Zimmerchen	pokoik Michała
książka	Buch	książka z biblioteki
jeśli	falls, wenn	Jeśli chcesz, możemy iść do teatru.
chętnie	gern	Chętnie posłucham muzyki.
słuchać *(uv)*	zuhören	Słuchamy muzyki.
posłuchać *(vo)*		Czy chcesz posłuchać płyt?
teraz	jetzt	Teraz nie mam czasu.
zajęty, -a, -e	beschäftigt	Czy jesteś zajęty?
wolno	man darf	Czy wolno?
przeszkadzać *(uv)*	stören	Czy przeszkadzam?
przeszkodzić *(vo)*		Przepraszam, czy przeszkodziłam panu?
pomiędzy (między)	zwischen	Pomiędzy teatrem a parkiem znajduje się kawiarnia.
wszystko	alles	Czy to już wszystko?
prawda	Wahrheit, wahr	mówić (powiedzieć) prawdę. Czy to prawda?

Gramatyka

1. Die Possessivpronomen

1.1. Deklination der Possessivpronomen

Mój – moja – moje (mein), **twój** – twoja – twoje (dein),

swój – swoja – swoje (sein, reflexives Possessivpronomen) werden nach folgendem Muster dekliniert:

Singular

	männl.	sächl.	weibl.
Nom.	mój	moje, me	moja, ma
Gen.	mojego, mego		mojej, mej
Dat.	mojemu, memu		mojej, mej
Akk.	mojego, mego *oder:* mój	moje	moją, mą
Instr.	moim, mym		moją, mą
Lok.	(o) moim, mym		(o) mojej, mej

Plural

	pers.	nichtpers.
Nom.	moi	moje, me
Gen.	moich, mych	
Dat.	moim, mym	
Akk.	moich, mych	moje, me
Instr.	moimi, mymi	
Lok.	(o) moich, mych	

Die Kurzform **me** wird seltener gebraucht.

1.2. Die Pronomen nasz – nasza – nasze, wasz – wasza – wasze

nasz – unser; **wasz** – euer.

Singular

	männl.	sächl.	weibl.
Nom.	nasz	nasze	nasza
Gen.	naszego		naszej
Dat.	naszemu		naszej
Akk.	naszego (pers.) o. nasz (unpers.)	nasze	naszą
Instr.	naszym		naszą
Lok.	(o) naszym		(o) naszej

Plural

	pers.		unpers.
Nom.	nasi		nasze
Gen.		naszych	
Dat.		naszym	
Akk.	naszych		nasze
Instr.		naszymi	
Lok.		(o) naszych	

2. Gebrauch des reflexiven Possessivpronomens swój

Das reflexive Possessivpronomen **swój** wird gebraucht, wenn der Besitzer mit dem Subjekt des Satzes identisch ist. Hier einige Beispiele:

Marek pojechał ze **swoim** bratem nad morze. (mit dem eigenen Bruder). **Państwo Turkowscy** idą ze **swoimi** dziećmi do parku. (mit den eigenen Kindern).
Wczoraj **Ewa** napisała list do **swojej** kuzynki. (an ihre eigene Kusine).
Napisałam do koleżanki o **swoim** bracie. (über meinen eigenen Bruder).

Ćwiczenia

1. Proszę odpowiedzieć na pytania:

1. Jaki pokój ma Michał? 2. Co znajduje się na lewo? 3. Jaka jest kuchnia? 4. Czy kuchnia w mieszkaniu Darka też jest duża? 5. Czy w pokoju Michała jest telewizor? 6. Gdzie znajduje się pokój sióstr Michała? 7. Gdzie znajduje się pokój Michała? 8. Gdzie znajduje się gabinet ojca? 9. Gdzie jest łazienka?

2. Proszę opisać następujące mieszkania (Beschreiben Sie folgende Wohnungen):

A B

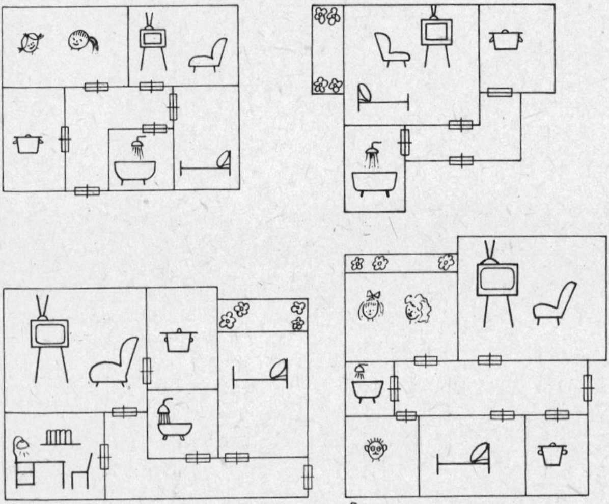

C D

3. Proszę opisać swoje mieszkanie:

4. Podane w nawiasach zaimki proszę podać we właściwym przypadku (Setzen Sie die eingeklammerten Pronomen in den richtigen Kasus):

Mariola była wczoraj u (moja, twoja) siostry.
(twój, nasz) brata.
(nasz, wasz) kuzyna.
(moi, nasi) rodziców.
(twoje, nasze) koleżanek.

W (mój, twój) pokoju jest dużo miejsca.
W (wasz, ich) gabinecie jest mało miejsca.

To są płyty (mój, nasz) brata.
(twoje, ich) sióstr.
(nasze, moje) koleżanek.
(jej, nasz) syna.
(moi, wasi) rodziców.
Magda poszła do (mój, wasz) brata.
(nasza, ich) siostry.
(moje, swoje) koleżanek.
(jego, nasi) rodziców.
Ewa jedzie w góry z (moja, wasza) kuzynką.
(nasz, jego) bratem.
(nasi, wasi) rodzicami.
(jej, twoje) koleżankami.

5. Proszę użyć podanych zaimków w odpowiednim przypadku (Benutzen Sie die angegebenen Pronomen im richtigen Kasus):

a) Czy to jest ... pokój, Aniu? (twój)
Nie, to pokój ... siostry. (moja)
Czy ... siostra często chodzi do kina? (twoja)
Tak, ale ona chodzi ze ... koleżankami. (swoje)
Czy ... koleżanki to Beata i Dorota? (jej)
Nie, one nie są ... koleżankami. (jej)

b) Czy Robert chodzi do ... klubu? (wasz)
Nie; w ubiegłym miesiącu często był w ... klubie, ale teraz nie ma czasu. Spotyka się ze ... dziewczyną, Iwoną. (nasz; swoja)
Nie wiedziałem, że Iwona jest ... dziewczyną! (jego)

6. Proszę przetłumaczyć:

Gestern habe ich meine Schwester besucht. Sie hat eine neue Wohnung. Sie wohnt dort mit ihrem Mann. Ihre Wohnung ist sehr schön. Ewa hat sich ein Kleid gekauft. Ihr Kleid gefällt mir gut. Für ihr Kleid hat sie 880 Złoty gegeben.

Lekcja 24

Darek: Fajnie tu u ciebie!

Michał: No pewnie! Mam nareszcie własny pokój. Ale czemu stoisz? Usiądź wygodnie. Najlepiej na tapczanie. Zaraz włączę adapter. Czego chcesz posłuchać?

Darek: Masz coś Beatlesów?

Michał: Gdzieś mam. Poczekaj, zaraz poszukam. Ta płyta powinna być na półce między innymi płytami. Może z tyłu, za książkami? Nie, chyba na biurku albo w szufladzie …

Darek: Zajrzyj pod krzesło, tam leży kilka płyt.

Michał: Nie, tu jej nie ma. Chwileczkę! Wstań z tapczanu! Pomóż mi go odsunąć! (…) No tak! Skąd ta płyta wzięła się za tapczanem?!

Darek: Pewnie spadła z półki.

Michał: Masz rację, półka wisi przecież nad tapczanem.

Słowniczek

no pewnie!	na sicher!	Lubisz wakacje? No pewnie!
nareszcie	endlich	Nareszcie mamy swoje mieszkanie.
własny, -a, -e	eigen	własny pokój
czemu	warum	Czemu nie byłaś u nas?
stać	stehen	Fotel stoi naprzeciwko telewizora.
siadać *(uv)*	sich setzen	Siadaj!
usiąść *(vo)*		Może pani usiądzie?

najlepiej	am besten	Najlepiej spędzam urlop w górach.
włączać *(uv)* włączyć *(vo)*	einschalten	Rano zawsze włączam radio. Włącz adapter!
adapter	Plattenspieler	nowy adapter
coś	etwas	coś nowego
Beatlesi	The Beatles	
gdzieś	irgendwo	On jest gdzieś w górach.
powinna	(sie) soll, sollte	Teresa powinna być teraz w pracy.
półka	Brett, Hängeregal	Na półce stoją książki.
inny, -a, -e	anders, anderer	inna sukienka
tył	Hinterteil	tył pociągu
z tyłu	hinten	Z tyłu ten płaszcz mi się nie podoba.
chyba	vielleicht, wohl	On jest chyba chory.
biurko	Schreibtisch	w biurku, na biurku
szuflada	Schubfach	w szufladzie
zaglądać *(uv)* zajrzeć *(vo)*	hineinschauen	Nie zaglądaj do pokoju! Zajrzyj do szuflady!
pod	unter	Książka leży pod stołem.
krzesło	Stuhl	wygodne krzesło
leżeć	liegen	Warszawa leży nad Wisłą.
kilka	ein paar, einige	kilka minut

wstawać *(uv)* wstać *(vo)*	aufstehen	Grzegorz wstaje późno. Wstańcie!
pomagać *(uv)* pomóc *(vo)*	helfen	Ewa pomaga siostrze. Bardzo mi pomogłeś.
odsuwać *(uv)* odsunąć *(vo)*	wegschieben	Dlaczego odsuwasz biurko? Teraz odsuniemy tapczan.
brać się *(uv)* wziąć się *(vo)*	herkommen	Skąd się biorą dzieci? Skąd on się tu wziął?
aber: brać *(uv)* wziąć *(vo)*	nehmen	Biorę czarną torbę. Weź pieniądze!
spadać *(uv)* spaść *(vo)*	herunterfallen	Czemu ta książka spada? Książka spadła ze stołu.
wisieć	hängen	Portret wisi nad biurkiem.
przecież	doch, ja	To jest przecież Marek!
nad	über	nad miastem, nad biurkiem

Gramatyka

1. Präpositionale Konstruktionen, die räumliche Verhältnisse darstellen

1.1. Präpositionen mit dem **Genitiv**

do (in, nach, an, zu) 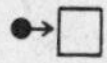 
- die Bewegung in etwas hinein bzw. in die Nähe: włożyć zeszyt do szuflady (ein Heft in die Schublade hineinlegen), jechać do domu;

od (von)  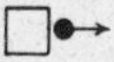
- die Richtung von etwas weg: oddalać się od domu (sich vom Haus entfernen);

koło, obok (bei, neben) 
- die unmittelbare Nachbarschaft: mieszkać koło kina

wokół, dookoła (ringsherum) 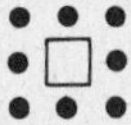 
- die Bewegung um etwas: dzieci biegają dookoła boiska (Kinder laufen um den Sportplatz herum);
- die Umrandung: dookoła był las;

naprzeciwko (gegenüber) 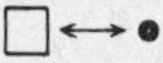
- die Lage zweier Gegenstände zueinander: szkoła stoi naprzeciwko muzeum;

z, ze (von, aus) 
- der Ausgangspunkt einer Handlung: jechać z Gdyni, wstać z tapczanu

1.2. Präpositionen mit dem **Akkusativ**

przez (durch) 
- die Richtung "durch (über) etwas hindurch": iść przez park, przejść przez ulicę (die Straße überqueren);

między, pomiędzy (zwischen) 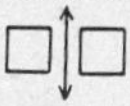
- die Bewegung zwischen etwas: wejść między domy (zwischen die Häuser treten);

nad (über): 

– Richtung über etwas: samolot wzniósł się nad miasto (das Flugzeug erhob sich über die Stadt);
– Richtung in Verbindung mit Substantiven, die ein Wasserreservoir bezeichnen: jechać nad morze, iść nad jezioro;

pod (unter) 

– die Bewegung in Richtung unter etwas: pies wszedł pod stół (der Hund ging unter den Tisch);
– die Richtung in die Nähe einer Stadt, eines Gebäudes, einer Geländeerhebung: przeprowadzić się pod Lublin (in die Nähe von Lublin ziehen), podjechać pod sklep (in die Nähe des Ladens fahren);

przed (vor) 

– die Richtung von etwas: wyjść przed dom (vor das Haus treten);

za (hinter; nach außerhalb) 

– die Bewegung nach hinten: iść za dom;
– die Richtung nach außerhalb: jechać za miasto, jechać za granicę (ins Ausland fahren);

na (auf) 

– die Bewegung auf etwas: płyta spadła na tapczan;

w, we 

– Richtung in etwas hinein oder an etwas: wpaść w wodę (ins Wasser fallen), stukać w drzwi (an die Tür klopfen).

1.3. Präpositionen mit dem **Instrumental**

między, pomiędzy (zwischen)  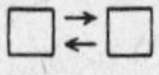

– der Standpunkt zwischen zwei Gegenständen: fotel stoi między regałem a tapczanem;
– eine Pendelbewegung: pociąg kursuje między Gdańskiem a Sopotem;

nad (über) 
– die Lage über etwas: mieszkam nad kawiarnią;
– die Lage an einem Wasserreservoir: urlop nad morzem;

pod (unter) 
– die Lage unter einem Gegenstand: buty stoją pod stołem;
– die Lage neben (bei, in der Nähe) in Verbindung mit einer Stadt, einer Geländeerhebung, einem Gebäude: mieszkać pod Krakowem, stać pod szkołą;

przed (vor) 
– die Lage vor etwas: czekać przed teatrem;

za, **poza** (hinter, außerhalb) 
– die Lage hinter etwas: za szkołą jest ogród;
– der Ort außerhalb von etwas: pracować za granicą (im Ausland arbeiten);

1.4. Präpositionen mit dem **Lokativ**

przy (an, bei) 
– die Lage neben etwas: tapczan stoi przy oknie; mieszkam przy ulicy Słowackiego (ich wohne in der Słowacki-Str.);

na (auf) 
– die Lage auf etwas: płyty leżą na biurku;

w, **we** (in) 
– Ortsangaben: mieszkać w Warszawie, pracować w fabryce;

po (in, an) 
– Bewegung an der Oberfläche von etwas, in einem Raum: chodzić po pokoju, spacerować po mieście.

Ćwiczenia

1. Proszę odpowiedzieć na pytania według wzoru:

Gdzie jest płyta? (półka) – Płyta jest na półce.

a) */z/*
Skąd wrócił Marek? (Kraków); Skąd przyjechał pan Adamski? (Warszawa); Skąd wraca Ewa? (klub sportowy);
/obok/
Gdzie mieszka Irena? (Dorota); Gdzie stoi fotel? (regał); Gdzie stoi encyklopedia? (leksykon);
/naprzeciwko/
Gdzie znajduje się teatr? (hotel); Gdzie stoi wersalka? (okno); Gdzie mieszkają Kwiatkowscy? (Wachowiczowie);
/do/
Dokąd pojechała Monika? (Bułgaria); Dokąd idzie Darek? (kino); Dokąd idzie uczeń? (szkoła);
/koło/
Gdzie jest ogród? (dom); Gdzie mieszka Wiktor? (kino); Gdzie stoi samochód Jurka? (biblioteka).

b) */przez/*
Którędy Adam idzie do pracy? (park); Którędy pan Zając jedzie do Bułgarii? (Czechosłowacja, Węgry, Rumunia);
/przed/
Gdzie przyjechał samochód? (biuro); Gdzie wyszły dzieci? (dom);
/nad/
Dokąd Maria jedzie w sierpniu? (morze); Dokąd wyjechali państwo Borkowscy? (jeziora);
/pod/
Gdzie zajrzał Michał? (krzesło); Gdzie spadła płyta? (tapczan);
/za/
Dokąd poszły dzieci? (dom); Dokąd pojechali Magda i Marcin? (miasto);

/między/
Gdzie Magda stawia krzesło? (regał, biurko); Gdzie Jacek stawia encyklopedię? (książki);
/na/
Dokąd płynie kajak? (wyspa); Dokąd jedzie Artur? (Węgry);

c) */między, pomiędzy/*
Gdzie stoi fotel? (regał, okno); Gdzie leży leksykon? (książki); Gdzie jest pokój Ewy? (kuchnia, pokój rodziców);
/za/
Gdzie leży płyta? (adapter); Gdzie znajduje się plac zabaw? (dom); Gdzie jest Roman? (granica);
/pod/
Gdzie stoi tapczan? (okno); Gdzie jest adapter? (stół); Gdzie mieszkają Kowalscy? (Warszawa);
/nad/
Gdzie wisi półka (biurko); Gdzie mieszka Jacek? (morze); Gdzie spędziłeś urlop? (jezioro);
/przed/
Gdzie są dzieci? (dom); Gdzie Marcin czeka na Magdę? (kino); Gdzie siedzi Kasia? (telewizor);

d) */na/*
Gdzie siedzi Ania? (krzesło); Gdzie stoją kieliszki? (stół); Gdzie leży pies? (wersalka);
/w, we/
Gdzie leży książka? (szuflada); Gdzie jest Marek? (pokój); Gdzie mieszka pan Sawicki? (Wrocław);
/przy/
Gdzie siedzą Ewa i Jurek? (stół); Gdzie mieszka Beata? (Plac Mickiewicza); Gdzie stoi fotel? (okno).

2. Proszę obejrzeć rysunki i odpowiedzieć na pytania: (Betrachten Sie die Bilder und beantworten Sie die Fragen:)

1. Gdzie wisi półka?
2. Gdzie stoi lampa?
3. Gdzie są książki?
4. Gdzie stoi krzesło?

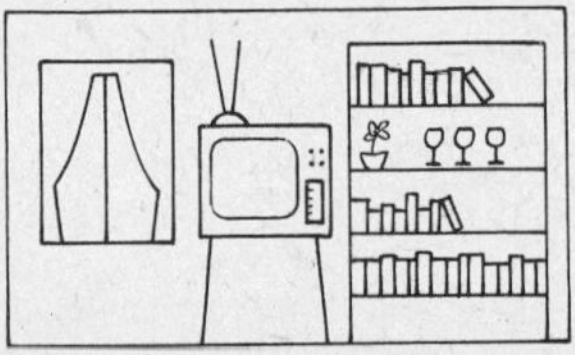

1. Gdzie stoi telewizor?
2. Gdzie jest okno?
3. Gdzie są książki?
4. Gdzie znajduje się regał?

1. Gdzie stoi wersalka?
2. Gdzie wiszą kwiaty?
3. Gdzie stoi stół?
4. Gdzie jest telefon?

1. Gdzie stoi stół?
2. Gdzie stoi fotel?
3. Gdzie znajduje się regał?
4. Gdzie jest telewizor?

3. Proszę przetłumaczyć:

a) In meinem Zimmer gibt es ein Fenster. Vor dem Fenster steht ein Schreibtisch. Er steht zwischen dem Regal und der Couch. Der Couch gegenüber steht ein kleiner Tisch. Auf dem Tisch steht ein Fernseher. Hinter dem Fernseher befindet sich eine Lampe.

b) Herr Malinowski ist an die See gefahren. Er verbringt den Urlaub an der See. Er ist durch Olsztyn und Malbork nach Gdynia gefahren. In Gdynia wohnt sein Bruder.

Lekcja 25

Adam: Jaki dzisiaj dzień?
Marek: Czwartek.
Adam: Wiem, ale jaka data?
Marek: Siódmy czerwca.
Adam: Wobec tego jutro przyjeżdża Zbyszek.
Marek: Nie, Zbyszek przyjeżdża dziewiątego.
Adam: Dopiero w sobotę? Myślałem, że dzisiaj zdaje ostatni egzamin.
Marek: Masz rację, ale w piątek musi być jeszcze we Wrocławiu.
Adam: A kiedy wraca do Wrocławia?
Marek: W pierwszy poniedziałek lipca.
Adam: Kiedy to będzie? Trzeciego?
Marek: Nie. Pierwszy poniedziałek lipca wypada drugiego.

Słowniczek

tydzień, tygodnie	Woche	dwa tygodnie
dni tygodnia:	Wochentage:	
poniedziałek	Montag	
wtorek	Dienstag	
środa	Mittwoch	
czwartek	Donnerstag	
piątek	Freitag	
sobota	Samstag	
niedziela	Sonntag	
data	Datum	Jaka dzisiaj data?

wobec tego	also, dann	Mam czas, wobec tego mogę iść do kina.
jutro	morgen	Jutro Ewa wraca z urlopu.
dopiero	erst	Jestem w Krakowie dopiero od wczoraj.
myśleć	denken	O czym myślisz?
ostatni, -a, -ie	letzter, -e, -es	ostatni autobus
musieć	müssen	Muszę pojechać do Poznania.
kiedy	wann, wenn	Kiedy nas odwiedzisz?
będzie	er (sie, es) wird sein	Kiedy Ewa będzie w domu?
wypadać *(uv)* wypaść *(vo)*	hier: fallen auf	Piątego wypada w środę.

Gramatyka

1. Ordinalia

1.1. Bildung der Ordinalia

Die Ordinalia stimmen mit dem Substantiv, dessen Größe sie bezeichnen, in Genus, Numerus und Kasus überein, erhalten also entsprechende Endungen: pierwszy samochód (der erste Wagen), pierwsza praca (die erste Arbeit), pierwsze mieszkanie (die erste Wohnung), pierwsi studenci (die ersten Studenten), pierwsze godziny (die ersten Stunden).

Hier ein Überblick über die Ordinalia (es wird nur mask. Sg. berücksichtigt, die Bildung der übrigen Genera sowie der Pluralformen erfolgt wie bei Adjektiven):

1. pierwszy
2. drugi
3. trzeci
4. czwarty
5. piąty
6. szósty
7. siódmy
8. ósmy
9. dziewiąty
10. dziesiąty
11. jedenasty
12. dwunasty
13. trzynasty
14. czternasty
15. piętnasty
16. szesnasty
17. siedemnasty
18. osiemnasty
19. dziewiętnasty
20. dwudziesty
30. trzydziesty
40. czterdziesty
50. pięćdziesiąty
60. sześćdziesiąty
70. siedemdziesiąty
80. osiemdziesiąty
90. dziewięćdziesiąty
100. setny
200. dwusetny
300. trzechsetny
400. czterechsetny
500. pięćsetny
600. sześćsetny
700. siedemsetny
800. osiemsetny
900. dziewięćsetny
1000. tysięczny

Die zusammengesetzten Ordinalia von **21** bis **99** bestehen aus zwei Ordnungszahlwörtern:

23. dwudziesty trzeci; **46.** czterdziesty szósty; usw.
Die zusammengesetzten Ordinalia über **100** bestehen aus einer Kardinalzahl für die Hunderter und Tausender, sowie aus einer Ordinalzahl für die übrigen Bestandteile des Zahlwortes:

187. sto osiemdziesiąty siódmy;
3484. trzy tysiące czterysta osiemdziesiąty czwarty;

1.2. Die Deklination der Ordinalia

Ordinalia werden wie Adjektive dekliniert. Besteht eine Ordinalzahl aus mehreren Gliedern, so werden nur die Ordinalzahlen dekliniert, z. B.: tysiąc dziewięćset osiemdziesiątym ósmym.

2. Das Datum

Der Monatstag im Datum wird im Nominativ Sg. Mask. angegeben, der Monat im Gen. Sg., das Jahr ebenfalls im Gen. Sg.
26.11.1986 – dwudziesty szósty listopada tysiąc dziewięćset osiemdziesiątego szóstego roku.
Manchmal kann auch der Tag im Akk. Sg. stehen. Das erfolgt nach dem Verb **mieć**:
Dziś mamy piętnastego lipca tysiąc dziewięćset osiemdziesiątego piątego roku.
Nach dem Datum werden meistens folgende Fragen gestellt:
Który dzisiaj dzień? Którego dzisiaj mamy?

Ćwiczenia

1. Proszę przeczytać i napisać następujące daty (Lesen und schreiben Sie folgende Daten:)

11. 01. 1966. 25. 02. 1665. 29. 03. 1980. 19. 04. 1999.
02. 05. 2000. 30. 06. 1703. 14. 07. 1789. 21. 08. 1978.
16.09. 1983. 10.10. 1955. 5. 11. 1942. 4. 12. 1252.

2. Proszę odpowiedzieć na pytania:

- Kiedy Krystyna wyjechała na urlop? (19.07.)
- Kiedy Andrzej był w teatrze? (7.03.)
- Kiedy jest Dzień Dziecka? (1.06.)
- Kiedy Magda ma urodziny? (28.05.)
- Kiedy Pan (Pani) ma urodziny?
- Kiedy Stefan zdał ostatni egzamin? (10.02.)
- Kiedy Karol dostał nowe mieszkanie? (13.08.)

3. Jaki dzień tygodnia wypada w tym roku (was für ein Wochentag fällt in diesem Jahr auf den ...):

14.01., 12.02., 8.03., 19.04., 3.05., 6.06., 22.07., 23.08., 30.09., 7.10., 24.11., 31.12.

4. Proszę powiedzieć, co Agnieszka robiła w ubiegłym tygodniu:

poniedziałek – zdać egzamin; wtorek – pomóc Teresie szyć sukienkę; środa – iść z Iwoną do teatru; czwartek – napisać list do Marka; piątek – uczyć się angielskiego; sobota – słuchać płyt; niedziela – odwiedzić rodziców.

5. Proszę powiedzieć, co Pan(i) robił(a) w ubiegłym tygodniu.

Lekcja 26

Jarek: Która godzina?
Ewa: Dziesięć po szóstej.
Jarek: Co? Już po szóstej? Kiedy mają przyjść goście?
Ewa: O wpół do siódmej.
Jarek: No, to mamy jeszcze trochę czasu.
Ewa: Renata zdaje dzisiaj egzamin, obiecała przyjść, ale dopiero koło ósmej.
Jarek: A inni?
Ewa: Powinni przyjść punktualnie. Muszę się jeszcze przebrać.
Jarek: Ja też. Chyba kwadrans nam wystarczy?
Ewa: Musi, bo już kwadrans po szóstej. Do przyjścia gości zostało niewiele czasu.

Słowniczek

który, -a, -e	welcher, -e, -es der (die, das) wievielte	Który syn studiuje chemię? Która godzina?
godzina	Stunde; Uhrzeit	
która godzina	wie spät	
po	hier: nach	pięć po pierwszej
gość	Gast	Mamy gości.
wpół do ...	halb ... (Uhrzeit)	wpół do siódmej
o	um (Uhrzeit)	o piątej
trochę	etwas	trochę czasu
dopiero	erst	Paweł wraca dopiero w sobotę.
koło, około	gegen (Uhrzeit)	Przyjdę koło drugiej.
inny, -a, -e	anderer, -e, -es	inni goście

kwadrans	Viertelstunde	kwadrans po siódmej; trzy kwadranse;
przebierać się *(uv)*	sich umziehen	Iwona lubi się przebierać.
przebrać się *(vo)*		Krysia już się przebrała.
wystarczać *(uv)*	reichen	Na kolację wystarcza mi kwadrans.
wystarczyć *(vo)*		Wystarczyło mi dziesięć minut.
do	hier: bis	do wieczora; do soboty;
przyjście	Ankommen	przed przyjściem gości
zostawać *(uv)*	bleiben	W niedzielę często zostajemy w domu.
zostać *(vo)*		Zostało nam tylko sto dwadzieścia złotych.
niewiele	nicht viel	niewiele czasu; niewiele pracy;

Gramatyka

1. Uhrzeiten

Um eine Uhrzeit auszudrücken, benutzt man im Polnischen das Substantiv godzina und die Ordinalzahl, z. B. godzina trzecia. Für die Nachmittags- und Abendsstunden können sowohl die Zahlen 1–12, als auch 13–24 gebraucht werden, wobei die amtliche Zeitangabe die Zahlen 13–24 bevorzugt, die umgangssprachliche – meistens die Zahlen 1–12, denen eine genauere Tageszeitangabe beigefügt wird: po południu (nachmittags), wieczorem (abends), w nocy (nachts).

Hier eine Übersicht über verschiedene Uhrzeiten:

trzecia

wpół do ósmej (siódma trzydzieści)

dziesięć po piątej (piąta dziesięć)

za dwadzieścia pierwsza (dwunasta czterdzieści)

kwadrans po dziesiątej (dziesiąta piętnaście)

2. Präpositionen im zeitlichen Bereich

2.1. Präpositionen mit dem **Genitiv**

koło, około (gegen) 
– eine ungenaue Zeitangabe: wrócimy koło ósmej

do (bis) 
– Begrenzung der Dauer einer Tätigkeit: pracuję do piętnastej

od (ab, seit) 
– Anfang einer Handlung: od wczoraj jestem nad morzem

2.2. Präpositionen mit dem **Akkusativ**

przez (hindurch, lang) 
– die Dauer einer Tätigkeit: Mirek był przez dwa miesiące za granicą;

za (in, nach) 
– ein Zeitabschnitt, nach dem eine Tätigkeit beendet werden soll bzw. nach dem etwas passieren wird: Piotr wróci za godzinę;

na (für, zu)
– eine Zeitdauer der Tätigkeit: wyjeżdżam na miesiąc do Lublina;

w/we (an)
– in Verbindung mit den Namen der Wochentage sowie mit dem Wort dzień: We wtorek byliśmy u znajomych; Adam wraca w niedzielę; W dzień padał deszcz;

2.3. Präpositionen mit dem **Instrumental**

przed (vor)
– ein Zeitpunkt, vor dem eine Tätigkeit angefangen bzw. beendet wurde: Michał przyjechał przed godziną; Przed dwoma dniami zaczęłam czytać książkę;

2.4. Präpositionen mit dem **Lokativ**

w/we (in)
– die Zeit, in der die Tätigkeit ausgeführt wird: W lipcu byliśmy w Rumunii.; Ryszard przyjechał w nocy.;

po (nach)
– das zeitliche Nacheinander der Ereignisse: Po deszczu zaświeciło słońce (nach dem Regen schien die Sonne); Po pracy odwiedziłem kolegę;

- Zeitdauer, nach der eine Tätigkeit ausgeführt wurde: Odpowiedział po chwili; Po miesiącu Teresa otrzymała list;

o (um)

- Uhrzeitangaben: o szesnastej trzydzieści pięć; o drugiej; o wpół do jedenastej;
- der Ausdruck: o północy (um Mitternacht).

Ćwiczenia

1. Która godzina?

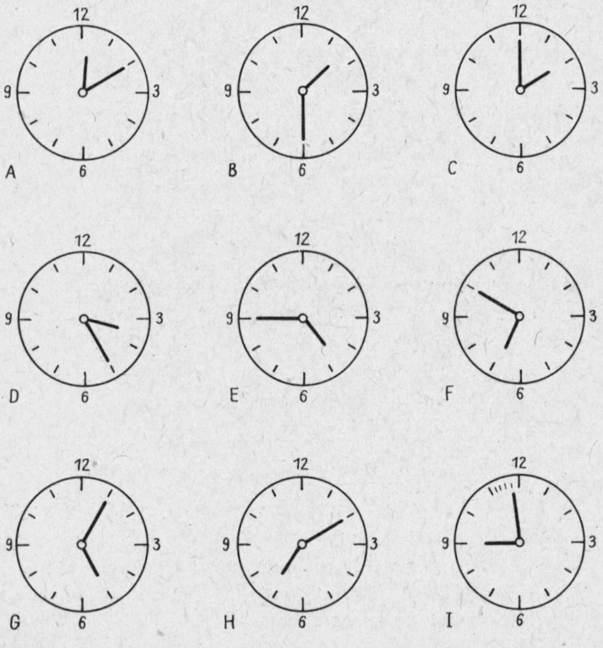

2. Proszę odpowiedzieć na pytania:

1. O której Renata zdaje egzamin? (10.30); 2. O której przyjeżdża pociąg z Radomia? (19.43); 3. O której Jacek przyjechał do Warszawy? (14.05); 4. O której mają przyjść goście? (18.00); 5. O której Ania idzie do szkoły? (8.00); 6. O której przyjeżdża pociąg z Gdyni? (9.19); 7. O której Marcin wrócił z klubu? (20.40); 8. O której Halina idzie do teatru? (19.45).

3. Proszę odpowiedzieć na pytania:

a) **do**
Do kiedy Ewa zostaje w górach? (26. 08.)
Jak długo wczoraj pracowałeś? (18.30)
Jak długo Roman oglądał telewizję? (22.00)

od
Od kiedy pani Jankowska jest chora? (czwartek)
Od kiedy Agata jest nad morzem? (1. 07.)
Od kiedy Irena uczy się włoskiego? (3 miesiące)

koło, około
Jak długo pan Marczak jest dyrektorem? (7 miesięcy)
Jak długo Adam oglądał film? (2 godziny)
Jak długo Marek był w Krakowie? (tydzień)

b) **za**
Kiedy Janusz wróci z kina? (godzina)
Kiedy mają przyjść goście? (3 kwadranse)
Kiedy ma przyjechać Zbyszek? (2 dni)

przez
Jak długo Iwona się uczyła? (4 godziny)
Przez ile lat Marek studiował? (5 lat)
Jak długo Wojtek czytał książkę? (godzina)

na
Na jak długo Elżbieta jedzie do Torunia? (2 tygodnie)
Na jak długo Jacek poszedł do Marka? (godzina)
Na ile godzin Małgorzata wyszła z domu? (3 godziny)

w
Kiedy pan Kowalczyk wyjeżdża na urlop? (środa)
Kiedy Monika przyjechała z Wrocławia? (czwartek)
Kiedy Adam był w teatrze? (sobota)

c) **przed**
Kiedy Teresa odwiedziła Agnieszkę? (tydzień)
Kiedy Marek wyjechał do Krakowa? (10 dni)
Kiedy Renata zdała egzamin? (godzina)

po
Kiedy Marek wrócił do domu? (6 godzin)
Kiedy pan Jakubowski dostał nowe mieszkanie? (4 lata)
Kiedy Iza wyszła z kina? (film)

w, we
Kiedy Ewa ma urodziny? (luty)
Kiedy Janusz był w Krakowie? (czerwiec)
Kiedy Barbara ma imieniny? (grudzień)

4. Co robiła Ewa?

poniedziałek, godz. 16.00–18.30

wtorek, godz. 20.15–23.10

sobota, 12.20–14.05

niedziela, 16.50

Lekcja 27

Kochana Halinko!

Bardzo dziękujemy za paczkę. Nadeszła bez opóźnienia, jeszcze przed świętami. Dzieci bardzo się ucieszyły z prezentów od Ciebie. Jacek przez kilka godzin słuchał nowych płyt, a Sylwia od razu zatelefonowała do koleżanki, żeby się pochwalić nową bluzką. Wczoraj była w niej na dyskotece. Prezent dla mnie też był wspaniały, od dawna marzyłam o beżowym swetrze! Staszkowi również sprawiłaś radość, ta koszula w kratkę jest twarzowa. Niepotrzebnie martwiłaś się o rozmiar, koszula pasuje na niego jak ulał.
Dziękujemy też wszyscy za słodycze. Szczególnie dziękuje Ci Sylwia (chyba pamiętasz, że Sylwia przepada za piernikami).
Pytasz, co u nas ciekawego. Zaraz po Nowym Roku Staszek wyjeżdża służbowo do Czechosłowacji. Przy okazji Staszek chce odwiedzić w Bratysławie Karela.
Sylwia przygotowuje się do egzaminów. Uczy się po kilka godzin dziennie z dwiema koleżankami. Dzisiaj uczyły się ponad sześć godzin.
Na tym kończę. Serdecznie Cię wszyscy pozdrawiamy i jeszcze raz dziękujemy za wspaniałe prezenty.

Bożena, Staszek i dzieci.

Słowniczek

paczka	Paket, Päckchen	Dziękujemy za paczkę.
nadchodzić *(uv)* nadejść *(vo)*	ankommen	Nadchodzi wieczór. Nadeszła zima.

bez	ohne	bez pieniędzy
opóźnienie	Verspätung	Pociąg ma opóźnienie.
przed	vor	przed tygodniem
święta	Feiertage; Weihnachten, Ostern	Gdzie spędziłaś święta?
cieszyć się *(uv)* ucieszyć się *(vo)*	sich freuen	Cieszymy się, że jedziemy do Bułgarii. Ewa ucieszyła się z listu.
prezent	Geschenk	prezent dla Krystyny
kilka *(unpers.)*	ein paar, einige	kilka dni, kilka córek
kilku *(pers.)*	ein paar, einige	kilku kolegów
od razu	sofort	Renata od razu pojechała do Lucyny.
telefonować *(uv)*	telefonieren	Joanna lubi telefonować.
zatelefonować *(vo)*		Elżbieta zatelefonowała do Pawła.
żeby	um, damit	Idę do sklepu, żeby kupić torebkę.
chwalić się *(uv)*	1. angeben, prahlen 2. sich einer Sache rühmen	On lubi się chwalić.
pochwalić się *(vo)*		Irena pochwaliła się nowym płaszczem.
dyskoteka	Disko	Barbara poszła na dyskotekę.
od dawna	seit langem	Grzegorz od dawna mieszka w Toruniu.

marzyć *(uv)*	träumen	Leszek marzy o urlopie w Grecji.
beżowy, -a, -e	beige	beżowy fotel
sweter	Strickjacke; gestrickter Pullover	wełniany sweter
również	auch, ebenfalls	Stefan dostał list. Mira również.
koszula	Hemd	biała koszula
sprawiać *(uv)* sprawić *(vo)*	*hier*: bereiten	sprawiać radość
radość	Freude	ogromna radość
w kratkę	kariert	spódnica w kratkę
twarzowy, -a, -e	kleidsam	twarzowy kolor, twarzowy sweter
niepotrzebnie	unnötig	Niepotrzebnie pojechałem do biblioteki.
martwić się *(uv)*	hier: sich Gedanken machen	Danuta ciągle się martwi.
rozmiar	Größe (Kleidung, Schuhe)	Ten rozmiar jest za mały.
pasować	passen	Ta bluzka pasuje na ciebie. Do niebieskiego płaszcza nie pasuje zielona apaszka.
jak ulał	wie gegossen	Płaszcz pasuje jak ulał.
wszyscy *(pers.)*	alle	Wszyscy studenci zdali egzamin.
słodycze	Süßigkeiten	Lubię słodycze.
szczególnie	besonders	Monika lubi muzykę, szczególnie klasyczną.
pamiętać	in Erinnerung haben	Czy pamiętasz o liście do Haliny?

przepadać	erpicht sein	Dzieci przepadają za lodami.
piernik	Lebkuchen	pierniki z Torunia
pytać	fragen	O co pytałeś?
zaraz	gleich, bald	Zaraz zatelefonuję do Marioli.
Nowy Rok	Neujahr	Po Nowym Roku jedziemy do Czechosłowacji.
wyjeżdżać *(uv)* wyjechać *(vo)*	ab-(weg-)fahren	Wyjeżdżam często do Łodzi. Adam wyjechał w piątek.
służbowo	dienstlich	Wyjeżdżam służbowo do Berlina.
okazja	Gelegenheit	wspaniała okazja
przy okazji	bei Gelegenheit	Marek był służbowo w Krakowie. Przy okazji odwiedził Grzegorza.
przygotowywać się *(uv)*	sich vorbereiten	Zbyszek przygotowuje się do egzaminu.
przygotować się *(vo)*		Czy już przygotowałeś się do podróży?
dzisiaj	heute	Dzisiaj byliśmy w kinie.
dziennie	täglich	Ewa pracuje po sześć godzin dziennie.
ponad	über	Barbara była w Krakowie ponad miesiąc.
na tym	hier: damit	Na tym kończę.

kończyć *(uv)* skończyć *(vo)*	beenden	Już kończę czytać. Skończyłem pisać list.
serdecznie	herzlich	Jacek serdecznie pozdrawia siostrę.

Gramatyka

1. Die Präpositionen mit dem Genitiv

bez (ohne)
– das Fehlen eines Gegenstandes, einer Eigenschaft, einer Person: Pociąg przyjechał bez opóźnienia. Tomasz przyszedł do nas bez żony.

dla (für)
– zeigt auf den Empfänger des Gegenstandes: list dla Janiny;
– gibt das Ziel einer Tätigkeit bekannt: czytanie dla przyjemności (Lesen zum Spaß)

do (an, für, bis)
– die Bestimmung eines Vorganges oder eines Gegenstandes: płyty do nauki rosyjskiego (Russischlehrplatten); iść do brata;
– die obere Grenze eines Preises, Maßes usw.: sukienka może kosztować do trzech tysięcy złotych (das Kleid kann bis zu 3000 zł kosten);

od (von)
– Herkunft eines Gegenstandes, eines Vorgangs usw.: pozdrowienia od Sylwii, paczka od Haliny;
– die Ursache eines Zustandes: od hałasu pęka mi głowa (vom Krach platzt mir der Kopf);

u (bei)
- Bezeichnung einer Person, bei der etwas stattfindet bzw. ausgeführt wird: byliśmy u Witolda; Ewa mieszka u kuzynki;

z, ze
- das Material, aus dem ein Gegenstand gemacht ist: apaszka z jedwabiu, torebka ze skóry;
- eine Ursache: Jestem zadowolona z urlopu (ich bin mit dem Urlaub zufrieden); padać ze zmęczenia (wegen Ermüdung umfallen);

2. Die Präpositionen mit dem Akkusativ

przez (durch)
- ein Werkzeug: oglądać preparat przez lupę (ein Präparat durch die Lupe betrachten);

ponad (über)
- Mengenangabe mit der Bedeutung "mehr als": Siostra była za granicą ponad 6 lat; Sukienka kosztowała ponad 2000 złotych;

za (für)
- Grund des Dankes, Lobes, der Belohnung, Bezahlung usw.: dziękować za list, płacić za meble (für Möbel bezahlen);
- Bezeichnung der Person, die vertreten wird: Pracować za koleżankę;
- Preisangaben: płaszcz za 3 tysiące; jajka po 14 złotych za sztukę (Eier zu 14 zł das Stück);

na (zu, auf)
- Ziel einer Tätigkeit: iść na dyskotekę; zaprosić na obiad (zum Mittagessen einladen);
- Ursache einer Tätigkeit: odpowiedzieć na pytanie;
- Maßangabe: szeroki na 3 metry (3 Meter breit);
- mit Verbindung mit Farbadverbien – die Art der Ausführung der Tätigkeit: ubierać się na szaro (sich grau anziehen);

w
- Eigenschaft, Art und Weise, Muster: koszula w kratkę; sukienka w kwiatki (geblümtes Kleid);

po (auf, in, nach)
- Ziel einer Tätigkeit: iść po wino;
- eine sich wiederholende Zahl: kupiliśmy po dwa ciastka (wir haben je 2 Stück Kuchen gekauft);
- in Ausdrücken vom Typ: po pierwsze (erstens), po drugie (zweitens);

o
- in Verbindungen mit solchen Verben wie: martwić się (sich Gedanken machen), prosić (bitten), dbać (sorgen), starać się (sich bemühen);

3. Präpositionen mit dem Instrumental

z, ze (mit)
- die begleitende Person: brat z siostrą;
- die Eigenschaft: kawa z mlekiem;
- der Begleitgegenstand einer Tätigkeit: jechać na urlop z namiotem (mit dem Zelt zum Urlaub fahren);
- die Art und Weise der Ausführung einer Tätigkeit: iść z trudem (mit Mühe gehen);
- mit einigen Verben, z.B. rozmawiać (sich unterhalten), kłócić się (sich streiten): rozmawiać z dyrektorem, kłócić się z bratem;

za
- bei Verben wie: tęsknić (sich sehnen), przepadać: tęsknić za rodzicami, przepadać za słodyczami;

4. Präpositionen mit dem Lokativ

przy (bei, an)
- Begleitumstände eines Ereignisses: pracować przy muzyce, kupić przy okazji;
- Gegenstand der Bemühungen: manipulować przy telewizorze (am Fernsehapparat herumbasteln);

na (mit, in, auf)
– ein Hilfsmittel: jeździć na nartach (Ski laufen), mięso smażone na oliwie (Fleisch in Olivenöl gebraten)

w, we (in, mit)
– eine Eigenschaft: dziewczyna w niebieskiej sukience, kobieta w żałobie (eine Frau in Trauer)

po (je ...)
– wenn etwas je ein Stück (Teil usw.) unter mehrere Personen verteilt wird: wypiliśmy po filiżance kawy (wir haben je eine Tasse Kaffee getrunken);

o (an, von, über)
– mit Verben des Denkens und Sprechens: opowiadać o urlopie, marzyć o samochodzie).

Ćwiczenia

1. Która wypowiedź jest prawdziwa, a która fałszywa (Welche Aussage ist richtig, und welche falsch):

a) Halina dostała paczkę od Bożeny. b) Paczka nadeszła przed świętami. c) Jacek dostał nowe płyty; d) Sylwia otrzymała beżowy sweter. e) Bożena ucieszyła się z prezentu. f) Staszek otrzymał parasol. g) Sylwia nie lubi pierników. h) Staszek wyjeżdża po Nowym Roku do Rumunii. i) Karel mieszka w Bratysławie. j) Staszek chce odwiedzić Karela. k) Sylwia przygotowuje się do egzaminów. l) Sylwia uczy się sama.

2. Proszę odpowiedzieć na pytania:

a) Od kogo Bożena otrzymała paczkę? b) Czy paczka nadeszła przed świętami? c) Co dostał Jacek? d) Co dostała Sylwia? e) Czy Sylwia ucieszyła się z prezentu? f) Co dostała Bożena? g) Jaką koszulę otrzymał Staszek? h) Czy rozmiar koszuli jest dobry? i) Jakie słodycze lubi Sylwia? j) Kiedy i dokąd wyjeżdża Staszek? k) Kogo chce przy okazji odwiedzić? l) Z kim Sylwia przygotowuje się do egzaminu?

3. Proszę odpowiedzieć na pytania:

a) *bez*
Bez kogo przyjechał pan Ziółkowski? (pani Ziółkowska); Bez czego roztargniona Ewa poszła na zakupy? (pieniądze); Bez kogo państwo Wiśniewscy pojechali na urlop? (dzieci);

dla
Dla kogo Marek kupił prezent? (Agnieszka); Dla kogo są te kwiaty? (dyrektor); Dla kogo rodzice przynieśli słodycze? (córeczka);

do
Do kogo poszła Maryla? (koleżanka); Do czego są te kieliszki? (czerwone wino); Do kogo przyszli goście? (Ewa i Jarek);

od
Od kogo wróciła Sylwia? (Kasia); Od kogo Bożena dostała paczkę? (Halina); Od kogo jest ten list? (państwo Rybiccy);

u
U kogo jest Sylwia? (Maryla); U kogo byłeś w sierpniu? (kuzyn); U kogo mieszka Joanna? (siostra);

z
Z czego cieszy się dziecko? (prezent); Z czego Janusz jest zadowolony? (nowe mieszkanie); Z czego jest ta sukienka? (jedwab);

b) *przez*
Przez co student ogląda preparat? (mikroskop); Przez kogo Ewa przyszła późno do pracy? (siostra);

ponad
Ile kosztował ten sweter? (1 000 zł); Ile m^2 ma twoje mieszkanie? (60);

za
Za co Ania dziękuje bratu? (płyta); Za co Iwona dała 55 złotych? (ciekawa książka);
na
Z jakiej okazji Agnieszka dostała bransoletkę? (imieniny); Po co Janusz pojechał do Krakowa? (egzamin);
w
Jak jest nowa koszula Staszka? (kratka); Jaką tapetę ma Michał w swoim pokoju? (kwiatki);
po
Po ile są te kieliszki? (50 zł); Po co Ewa pojechała do miasta? (sukienka);
o
O kogo martwi się matka? (dziecko); O co prosiła Agnieszka? (książka);

c) *z*
Z kim Adam jedzie w góry? (brat i siostra); Jaką torebkę kupiła Małgorzata? (długi pasek);
za
Za czym przepada Sylwia? (pierniki); Za czym przepada Jacek? (nowoczesna muzyka);

d) *na*
Na czym jeździ Sławek? (łyżwy); Na czym gra Maryla? (gitara);
przy
Przy czym uczy się Hanka? (muzyka klasyczna); Przy czym odpoczywa Jacek? (nowoczesna muzyka);
w
W czym Sylwia poszła na dyskotekę? (nowa bluzka); W czym Dorota była w teatrze? (wiśniowa sukienka);
po
Po ile pierników dostały dzieci? (jeden piernik); Po ile wina wypili Ewa i Jarek? (jeden kieliszek);

o

O czym opowiada pan Baranowski? (podróż służbowa do Berlina); O kim rozmawiają Hanka i Monika? (rodzice Marka);

4. Proszę wstawić odpowiednie przyimki (Setzen Sie passende Präpositionen ein);

a) Wczoraj ... pracy Ewa pojechała ... swojej siostry ... Mokotów. Siostra Ewy mieszka ... swoim mężem ... nowym mieszkaniu. Bardzo cieszy się ... mieszkania. Jest ono duże i słoneczne. Okno ... kuchni wychodzi ... plac zabaw, a okna ... pokojach- ... park. Łazienka jest niestety ... okna.

b) Wczoraj były urodziny Beaty, ... rodziców Beata dostała ... urodziny piękną torebkę ... skóry. ... dawna marzyła ... skórzanej torebce, więc bardzo się ... niej ucieszyła. Brat dał Beacie płytę ... muzyką klasyczną, ponieważ Beata lubi uczyć się ... muzyce. Beata przepada też ... kaktusami ... siostry dostała ciekawą książkę ... kaktusach.

Leksja 28

Marcin: Na co masz ochotę?
Magda: Napiłabym się czegoś chłodnego.
Marcin: Nie wolałabyś kawy (a)?
Magda: Nie, raczej jakiś sok lub colę (b).
Marcin: A może miałabyś chęć na lody (c)?
Magda: Owszem.
Kelnerka: Dzień dobry. Co mam podać?
Marcin: Jedną dużą kawę, dwa soki i dwie procje lodów z owocami (d).
Kelnerka: Mamy sok wiśniowy (e) i porzeczkowy (f).
Marcin: Ja prosiłbym porzeczkowy (f).
Magda: A ja wiśniowy (e).
Kelnerka: Proszę bardzo.

(a) herbaty
(b) lemoniadę, tonik
(c) krem, torcik
(d) dwa kremy cytrynowe, dwa torciki kawowe
(e) pomarańczowy, ananasowy
(f) winogronowy, jabłkowy

Słowniczek

ochota	Lust; hier: Appetit	Mam ochotę na pierniki.
pić *(uv)*	trinken	Oni piją wino.
napić się *(vo)*	trinken, den Durst stillen	Napiłbym się soku. Czy już się napiłaś?
wypić *(vo)*	austrinken	Wypij sok!

czegoś	etwas (*Gen.* von coś)	Chcielibyśmy się czegoś napić.
chłodny, -a, -e	kühl	Sok jest chłodny.
woleć	lieber haben, vorziehen	Lubię kino, ale wolę teatr.
raczej	eher, lieber	Wolałbym raczej kawę.
jakiś, -aś, -ieś	irgendein, irgendwelcher, ein	Jakiś pan pytał o ciebie.
sok	Saft, Most	sok owocowy
cola	Cola	Coca-Cola, Pepsi-Cola
chęć	Lust; hier: Appetit	Czy masz chęć na kawę?
lody (nur *Pl.*)	Eis	lody kawowe
chętnie	gern	Chętnie napiję się kawy.
dzień dobry	Guten Tag	
podać *(vo)*	geben, reichen	Podaj mi nóż!
	hier: servieren, bringen	Co państwu podać?
porcja	Portion	porcja lodów
owoc	Frucht	Lubię owoce.
porzeczka	Johannisbeere	czerwone (czarne) porzeczki
porzeczkowy	Johannisbeer-	sok porzeczkowy
herbata	Tee	herbata z cytryną
lemoniada	Limonade	chłodna lemoniada
tonik	Tonic	wermut z tonikiem
krem	Creme; auch Schlagsahne	krem kawowy
tort	Torte	wspaniały tort
torcik	Törtchen; ein Stück Torte	torcik z ananasem

pomarańcza	Orange	Ewa lubi pomarańcze.
pomarańczowy	1. mit Orangengeschmack; Orangen-	sok pomarańczowy
	2. orange (Farbe)	sukienka w pomarańczowe kwiatki
ananas	Ananas	jeden duży ananas
ananasowy	Ananas-	krem ananasowy
winogrono	Weinbeere	
winogrona	Weintrauben	winogrona z Bułgarii
winogronowy	Weintrauben-	sok winogronowy
jabłko	Apfel	dobre jabłka
jabłkowy	Apfel-	sok jabłkowy

Rozszerzenie słownictwa

brzoskwinia	Pfirsich	rumuńskie brzoskwinie
morela	Aprikose	Lubię morele.
agrest (nur *Sg.*)	Stachelbeere	kilo agrestu
śliwka	Pflaume	dobre śliwki
gruszka	Birne	kompot z gruszek
truskawka	Erdbeere	Ewa lubi truskawki.
malina	Himbeere	kilo malin
czereśnia	Süßkirsche	Poproszę kilo czereśni.
jeżyna	Brombeere	sok jeżynowy
czarna jagoda	Blaubeere	krem z jagodami
orzech	Nuß	orzech kokosowy
czekolada	Schokolade	czekolada z orzechami
kakao	Kakao	Dzieci piją kakao.

Gramatyka

1. Der Konjunktiv

Der Konjunktiv kann mehrere verschiedene Bedeutungen ausdrücken: Potentialis (Möglichkeit), Irrealis, Wunschmodus, Konditional.
Der Konjunktiv wird von der 3. Pers. Prät. abgeleitet. Nach dem Stamm und dem präteritalen Suffix steht die Partikel **-by-**, die mit der nachstehenden Personalendung eine untrennbare Einheit bildet. Betont wird dann die drittletzte Silbe (im Sg. u. 3. Pers. Pl.) oder die viertletzte.

Hier ein Beispiel für die Formenbildung:

pisać

Singular

männlich	weiblich	sächlich
pisałbym	pisałabym	
pisałbyś	pisałabyś	
pisałby	pisałaby	pisałoby

Plural

pers. Geschlecht	nichtpers. Geschl.
pisalibyśmy	pisałybyśmy
pisalibyście	pisałybyście
pisaliby	pisałyby

Die Partikel **-by-** mit der nachstehenden Personalendung kann auch getrennt vom Verb vorkommen. Sie wird dann dem Verb vorangestellt:
Chętnie bym się napiła czegoś chłodnego.
On by do was przyszedł wieczorem.
Die Partikel mit der Personalendung kann auch mit einem anderen Wortteil verbunden werden.

Gdybym miał czas, poszedłbym do kina. (Wenn ich Zeit hätte, würde ich ins Kino gehen).
Roman prosi, żebyś go odwiedził. (Roman bittet, daß du ihn besuchst).

2. Wortbildung
Adjektive, die von Substantiven abgeleitet werden und einen Geschmack bezeichnen

Von Substantiven, die Obst, Gemüse, Getränke und andere Lebens- und Genußmittel bezeichnen, werden, um den Geschmack zu bezeichnen, entsprechende Adjektive abgeleitet. Das geschieht meistens durch Anfügen der Endung -owy (-owa, -owe) an den Stamm. Einige Beispiele:
kawa – kawowy; owoc – owocowy; cytryna – cytrynowy;
Diese Adjektive können auch andere Eigenschaften bezeichnen; z. B. die Herkunft (sok cytrynowy – sok z cytryn) oder die Farbe (wiśniowa torebka – kirschrote, dunkelrote Tasche).
Einige Ausnahmen bilden u. a.:
herbata – herbaciany (krem herbaciany – Teecreme; róża herbaciana – Teerose);
piwo – piwny (zupa piwna – Biersuppe)
jajko – jajeczny (makaron jajaeczny – Eiernudeln)
mleko – mleczny (napoje mleczne – Milchgetränke)

Ćwiczenia

1. Proszę utworzyć zdania:

a) Chciałbym	napić się soku	porzeczkowego
Chciałbyś		wiśniowego
Chciałabym		pomarańczowego
Chciałabyś		winogronowego

b)	Wolałabym		do Berlina
	Wolałabyś		do Krakowa
	Wolałybyśmy	pojechać	w góry
	Wolałybyście		nad morze

c)	Prosiłbym		małą kawę
	Prosiłabym	o	dużą kawę
	Prosilibyśmy		sok ananasowy
	Prosiłybyśmy		lody z owocami

2. Proszę zamienić tryb oznajmujący na przypuszczający (Ersetzen Sie den Indikativ durch den Konjunktiv):

a) Magda chce wypić coś chłodnego. b) Roman woli pojechać na obóz. c) Prosimy o trzy porcje lodów. d) Ewa napisała list do siostry. e) Marek i Wojtek odwiedzili Pawła. f) Dziecko ma chęć na owoce. g) Iza kupiła sobie nowy płaszcz. h) Czy chcecie nas odwiedzić?

3. Proszę uporządkować (Ordnen Sie bitte):

owoce:
desery:
napoje:
winogrona, kakao, brzoskwinie, morele, torcik, lody, tonik, herbata, ananas, jabłko, śliwka, sok, krem, porzeczki, kawa, cytryna, wiśnia, cola, wino, truskawka, piwo, lemoniada, malina.

4. Proszę utworzyć przymiotniki od podanych rzeczowników (Leiten Sie von den Substantiven Adjektive ab):

śliwka, gruszka, truskawka, malina, czereśnia, jeżyna, jagoda, agrest, morela, brzoskwinia, orzech, kakao, czekolada, wanilia.

5. Proszę uzupełnić przymiotnikami (Ergänzen Sie mit Adjektiven):

Państwo Janiszewscy poszli z dziećmi na spacer. Po drodze weszli do kawiarni. Pani Janiszewska miała ochotę na ... kawę, a jej mąż chciał wypić herbatę. Dzieci miały chęć na coś słodkiego. Kelner przyniósł dla Iwonki torcik ... i sok ..., dla Joasi-lody ..., a dla Krzysia krem ... i napój ... Pani Janiszewska poprosiła jeszcze o krem ... dla siebie i lody ... dla męża.

6. Proszę przeprowadzić dialog "W kawiarni" (Führen Sie ein Gespräch "Im Café").

Lekcja 29

Marcin: Jak ci się podoba ta błękitna sukienka?
Magda: Niezbyt. Tamta granatowa jest o wiele ładniejsza.
Marcin: Ale to nie twój rozmiar. Tamta byłaby dobra na tęższą osobę, a ty przecież nie jesteś tęga.
Magda: Masz rację, ale może są mniejsze rozmiary.
Marcin: Nie ma, tu jest przecież napisane: "ostatni egzemplarz"!
Magda: Rzeczywiście.
Marcin: A co powiesz o tej pomarańczowej w zielone i czarne kwiaty?
Magda: Zbyt jaskrawa, wolałabym coś spokojniejszego.
Marcin: Popatrz, tam wisi bardzo ładna sukienka.
Magda: Mówisz o tej beżowo-brązowej? Rzeczywiście śliczna, chyba najładniejsza ze wszystkich.
Marcin: Podoba ci się? Wobec tego musisz ją koniecznie przymierzyć!

Słowniczek

niezbyt	nicht besonders	Ten płaszcz jest niezbyt ładny.
tamten, tamta, tamto	jener, -e, -es	tamten samochód
granatowy, -a, -e	dunkelblau (sehr dunkler Farbton, etwa wie die Matrosenuniform)	granatowa spódnica
wiele	viel	wiele płyt
o wiele ładniejsza	viel schöner	Ta bluzka jest ładna, ale tamta jest o wiele ładniejsza.

tęgi, -a, -ie	mollig, vollschlank	Pani Tarkowska jest tęga.
napisane	geschrieben	Tu jest napisane: “sklep zamknięty”.
ostatni, -ia, -ie	letzter, -e, -es	ostatni autobus
egzemplarz	Exemplar, Stück	ostatni egzemplarz
powiedzieć *(vo)*	sagen	Co powiesz o tej sukience?
jaskrawy, -a, -e	grell	Nie lubię jaskrawych kolorów.
wisieć *(uv)*	hängen	Tam wiszą modne sukienki.
wobec tego	also, in diesem Fall	Lubisz słodycze? Wobec tego zjedz procję kremu czekoladowego!
koniecznie	unbedingt	Muszę koniecznie obejrzeć ten film!
przymierzać *(uv)*	anprobieren	Teresa przymierza już siódmą sukienkę!
przymierzyć *(vo)*		Chciałbym przymierzyć ten płaszcz.

Gramatyka

Steigerung des Adjektivs

Im Polnischen werden nur diese Adjektive gesteigert, die eine ständige, direkte qualitative Eigenschaft des Substantivs bezeichnen. Sie beziehen sich auf folgende Eigenschaften des Substantivs: Temperatur (chłodny),

Größe (mały, duży), Farbe (biały, czarny), physikalische Merkmale (wysoki, szeroki, twardy), psychische Eigenschaften (miły, zdolny, spokojny). Gesteigert werden können nur die Adjektive, die eine Eigenschaft bezeichnen, die in mehr oder weniger stärkerem Maße auftreten kann.
Adjektive, die eine Ähnlichkeit des Substantivs mit einem anderen Objekt bezeichnen, sowie diese, die ihre Eigenschaft von Substantiven ableiten, können nicht gesteigert werden. Es sind vor allem Adjektive mit folgenden Suffixen: **-owy** (owocowy, stalowy), **-ny**, **-any** (srebrny, wełniany), **-ski** (francuski). Sie drücken meistens die Herkunft, die Substanz, die zeitliche Begrenzung und die Ähnlichkeit aus.

1. Der Komparativ

Der Komparativ (die Vergleichstufe) wird mit Hilfe des Suffixes **-szy** oder **-ejszy** gebildet.

a) Endet der Stamm auf einen einzelnen Konsonanten, so wird die Komparativform durch das Anfügen des Suffixes **-szy** gebildet: ciekawy – ciekawszy; wrażliwy – wrażliwszy.
Auf diese Weise können noch einige andere Adjektive gesteigert werden, z. B. częsty – częstszy.

b) Oft wird der Stamm des Adjektivs zuerst verkürzt, dann das Suffix **-szy** angefügt: głęboki – głębszy, szeroki – szerszy.

c) Endet der Stamm auf mindestens 2 Konsonanten, wird der Komparativ mit Hilfe des Suffixes **-ejszy** gebildet. Dabei wird der vorausgehende Konsonant erweicht: uprzejmy – uprzejmiejszy, spokojny – spokojniejszy.

d) Unregelmäßige Formen bilden u. a.:
dobry – lepszy; zły – gorszy (schlecht, böse); lekki – lżejszy (leicht); duży (wielki) – większy; mały – mniejszy.

e) Adjektive mit den Suffixen **-owy**, **-ski**, **-ący**, **-aty**, **-asty**, **-ity**, **-isty**, sowie einige andere, bilden meistens den Komparativ (vorausgesetzt sie sind steigerungsfähig) mit Hilfe des Adverbs "bardziej":
interesujący – bardziej interesujący; pracowity (fleißig) – bardziej pracowity.
Eine Minderung der ausgedrückten Eigenschaft wird bei diesen Adjektiven mit Hilfe des Adverbs **"mniej"** erzielt: mniej roztargniony, mniej zadbany.

2. Der Superlativ

Der Superlativ (die Höchststufe) wird durch das Präfix **naj + Komparativform** gebildet: najgłębszy, najwspanialszy, najtańszy. Falls der Komparativ mit Hilfe von "bardziej" gebildet wird, steht dieses Präfix vor dem Adverb: najbardziej interesujący, najbardziej roztargniony.

Ćwiczenia

1. Proszę utworzyć stopień wyższy i najwyższy (Bilden Sie Komparativ und Superlativ):

a) miły, zdolny, wysoki, szeroki, modny, drogi, dobry, jasny, spokojny, skromny, piękny, przyjemny, biały, sympatyczny, młody, głęboki, gorący, ważny, nowy, mały, wspaniąły, chłodny;

b) uroczy, zadbany, fascynujący, pomysłowy, tajemniczy, niezadowolony, męczący;

2. Proszę ułożyć zdania według wzoru:

Wzór: Szara sukienka jest droga. (biała, granatowa) → Biała sukienka jest droższa. Granatowa sukienka jest najdroższa.

1. Michał jest zdolny. (Bogdan, Tomasz) 2. Iza jest skromna. (Ewa, Zosia) 3. Pan Ziółkowski jest młody.

(pan Kozłowski, pan Sokołowski) 4. Ten film jest fascynujący. (książka, przedstawienie) 5. Podróż do Krakowa była męcząca. (do Białegostoku, do Sanoka) 6. Brązowa spódnica jest ładna. (zielona, szara) 7. Pani Bratkowska jest tęga. (pani Orłowska, pani Błaszczyk) 8. Sylwia jest mała. (Agnieszka, Basia) 9. Hanka jest pomysłowa. (Urszula, Iwona) 10. Lody są dobre. (krem, torcik).

3. Które z poniższych przymiotników można stopniować (Welche der folgenden Adjektive können gesteigert werden)?

ostatni, ładny, dobry, jedwabny, skórzany, majowy, tęgi, tani, spokojny, ananasowy, szwedzki, brązowy, wygodny, chłodny, granatowy, cytrynowy, modny, nowy, szybki, młody.

4. Proszę odpowiedzieć na pytania:

- Czy Magdzie podoba się błękitna sukienka?
- Czy granatowa sukienka byłaby dobra na Magdę?
- Dlaczego Magdzie nie podoba się sukienka w kwiaty?
- Która sukienka jest najładniejsza?

5. Proszę uzupełnić:

a) Podoba ci się ten płaszcz? Wobec tego ...
b) Lubisz lody? Wobec tego ...
c) Nie widziałeś jeszcze nowego filmu? Wobec tego ...
d) Wyjeżdżasz do USA? Wobec tego ...
e) Masz czas wieczorem? Wobec tego ...

zjedz jeszcze jedną procję; musisz uczyć się angielskiego; może poszlibyśmy do kina? możemy iść do Marka; musisz go koniecznie przymierzyć.

Lekcja 30

Agnieszka: Dawno ciebie nie widziałam. Gdzie byłaś?
Ewa: Na wczasach. Jarek dostał ze swojego zakładu skierowanie do Karpacza.
Agnieszka: I jak było?
Ewa: Wspaniale! Pogoda była cudowna, dużo chodziliśmy po górach, jeździliśmy na łyżwach i na nartach.
Agnieszka: Umiesz jeździć na nartach?
Ewa: Nauczyłam się w Karpaczu.
Agnieszka: Ja też kiedyś uczyłam się jeździć na nartach, ale nie nauczyłam się. Ale opowiedz, co jeszcze robiliście, jak spędzaliście wieczory?
Ewa: Czasem chodziliśmy na krótkie spacery, oglądaliśmy telewizję. Jeden wieczór spędziliśmy na dancingu. Odwiedziliśmy też kuzynkę Jarka w Jeleniej Górze.
Agnieszka: Widzę że dobrze wypoczęłaś. Gdzie się tak opaliłaś?
Ewa: Nie opalałam się, szkoda mi było czasu na bezczynne siedzenie. Opaliłam się podczas jazdy na nartach.
Agnieszka: Zazdroszczę ci! Chyba też będę musiała nauczyć się jeździć na nartach!

Słowniczek

dawno	hier: lange	Dawno nie byłem w teatrze.
wczasy *(Pl.)*	Ferien, Ferienplatz	Jadę na wczasy nad morze.
dostawać *(uv)*	bekommen	Często dostaję listy od siostry.

dostać *(vo)*		Dostałem wczasy w sierpniu.
zakład (auch: zakłady)	Betrieb	Czy pracujesz jeszcze w zakładach chemicznych?
skierowanie	Einweisung, Überweisung, Ferienscheck	skierowanie na EKG skierowanie na wczasy
Karpacz	Ferienort im Riesengebirge	
pogoda	Wetter	Pogoda jest wspaniała.
cudowny, -a, -e	wunderschön, wunderbar	cudowna pogoda
łyżwy	Schlittschuhe	jeździć na łyżwach
narty	Ski	jeździć na nartach
kiedyś	einst; mal	Kiedyś już widziałam ten film.
robić *(uv)*	machen, tun	Co robiłeś w sobotę?
zrobić *(vo)*		Dlaczego nic nie zrobiłeś?
dancing (dansing)	Tanzveranstaltung (abends, im Lokal)	Wczoraj byliśmy na dancingu.
wypoczywać *(uv)*	sich erholen	Wypoczywam nad jeziorem.
wypocząć *(vo)*		Wspaniale wypoczęliśmy.
opalać się *(uv)* opalić się *(vo)*	sich sonnen, braun werden	Lubię się opalać. Opaliłam się na urlopie w Bułgarii.

szkoda	Schade	Ten płaszcz jest niemodny. Szkoda na niego pieniędzy.
bezczynny, -a, -e	hier: müßig	Ewie szkoda czasu na bezczynne siedzenie.
siedzenie	Sitzen	Siedzenie przed telewizorem to nie wypoczynek. (Erholung)
podczas	während	Podczas spaceru znalazłam borowika.
jazda	Fahrt, Fahren	męcząca jazda autobusem
zazdrościć	beneiden	Iwona zazdrości Joannie nowej skórzanej torebki.

Gramatyka

Der Aspekt-Fortsetzung

In der Lektion 13 wurden schon einige Informationen über Aspekte in der polnischen Sprache vermittelt. Auch im Vokabelverzeichnis ist der Unterschied zwischen den vollendeten und den unvollendeten Verben sichtbar.
Die vollendeten Verben haben nur Formen des Präsens (mit der Funktion des Futurs) und des Perfekts (mit der Funktion der vollendeten Vergangenheit):
Jutro napiszę list do Beaty. (pisać – napisać; piszę – napiszę)
Wczoraj napisałam list do Beaty. (pisałam – napisałam)

Die unvollendeten Verben haben jeweils die Funktion dieses Tempus, dessen Form sie annehmen:
Teraz piszę listy.
Wczoraj nie pisałem listów.
Dasselbe gilt auch für den Futur (genauere Informationen über Futur beinhaltet die Lektion 31).
Die Bildung der vollendeten und der unvollendeten Verben erfolgt mit Hilfe verschiedener Präfixe bzw. Suffixe. Die Möglichkeiten stellt die Tabelle dar:

Ausgangsform: unvollendetes Verb ohne Präfix

nichtpräfigierte Verben		präfigierte Verben	
unvollendet	vollendet	vollendet	unvollendet
kochać	–	**po**kochać	–
		zakochać się	zakoch**iwa**ć się
sypać (streuen)	syp**ną**ć	–	–
		rozsypać	rozsyp**ywa**ć
		zasypać	zasyp**ywa**ć
		przesypać	przesyp**ywa**ć
		wsypać	wsyp**ywa**ć

Ausgangsform: vollendetes Verb ohne Präfix

nichtpräfigierte Verben		präfigierte Verben	
vollendet	unvollendet	vollendet	unvollendet
dać	dawać		
		oddać	odd**awa**ć
		zdać	zd**awa**ć
		dodać	dod**awa**ć

Von präfigierten Verben werden unpräfigierte mit Hilfe folgender Suffixe gebildet: **-a-**, **-ywa-**, **-iwa-**, **-uj-**, **-ja**, **-wa-**.

Ćwiczenia

1. Proszę odpowiedzieć na pytania:

a) Gdzie była Ewa? b) Skąd Jarek dostał skierowanie na wczasy? c) Jaka była pogoda? d) Co robili Ewa i Jarek? e) Czy Ewa umie jeździć na nartach? f) Gdzie się nauczyła? g) Czy Agnieszka umie jeździć na nartach? h) Co Ewa i Jarek robili wieczorami? i) Kogo odwiedzili w Jeleniej Górze? j) Czy Ewa się opalała? k) Kiedy Ewa się opaliła? l) Dlaczego Agnieszka chce nauczyć się jeździć na nartach?

2. Proszę uzupełnić:

Ewa była z ... na ... w ... Pogoda była ... Ewa i Jarek wspaniale ... Ewa nauczyła się ... Wieczorami chodziła z Jarkiem na ... lub ... telewizję. Jeden wieczór ... na dancingu.

3. Która wypowiedź jest prawdziwa, a która fałszywa?

a) Ewa dostała skierowanie na wczasy. b) Ewa i Jarek byli w Karpaczu. c) Ewa nauczyła się jeździć na nartach. d) Wieczorami Ewa i Jarek chodzili do kina. e) Raz byli w Jeleniej Górze. f) Ewa często się opalała. g) Agnieszka chce nauczyć się jeździć na nartach.

4. Proszę opowiedzieć, jak spędziły urlop Agnieszka i Ewa:

Agnieszka była latem nad jeziorem.
Ewa była zimą w górach.
jeździć na nartach – pływać kajakiem – zbierać grzyby – zbierać jagody – chodzić po górach – opalać się – kąpać się w jeziorze – jeździć na łyżwach.

5. Jak Pan(i) spędził(a) ostatni urlop?

6. Proszę wybrać odpowiedni czasownik (Wählen Sie das passende Verb):

a) uczyć się – nauczyć się
Na wczasach Ewa ... dobrze jeździć na nartach. Monika od trzech lat ... angielskiego. ... jeździć na nartach, ale jeszcze nie ...
b) spędzać – spędzić
Wakacje zawsze ... w górach. Wczorajszy wieczór Magda ... na dancingu. Chcielibyśmy ... najbliższe święta w domu.
c) oglądać – obejrzeć
Henryk często ... telewizję. Czy ... już wszystkie fotografie?
Mamy jeszcze trochę czasu, więc możemy ... wystawy.
d) kupować – kupić
Ewa często ... kwiaty. Wczoráj Bogdan ... sobie płaszcz. Czy już ... bilety do teatru?
e) pisać – napisać
Czy już ... list, Moniko? Co teraz ...? Kiedy Magda ... list, przyszedł Marcin.
f) czytać – przeczytać
Lubię ... Podczas wakacji Tomek ... piętnaście książek. Chciałabym ... ten artykuł.
g) znajdować – znaleźć
Nie mogę ... białej bluzki. Ania często ... maślaki. Czy już ... encyklopedię, Jurku?
h) przynosić – przynieść
Ojciec często ... dzieciom słodycze. Adam ... dzisiaj dwie płyty. Marku, ... sztućce!
i) przyjeżdżać – przyjechać
Pan Sosnowski często ... do Poznania. Michał ... wczoraj wieczorem. Ewa ... jutro lub w sobotę.
j) wracać – wrócić
Henryk zawsze ... o siedemnastej. Marek już ... do domu. Mariusz nie ... na kolację.
k) szukać – poszukać

Możemy razem ... płyty. Basiu, czego ...? Wczoraj przez trzy godziny ... pieniędzy.

l) jechać – pojechać

W lipcu Grzegorz ... na wczasy do Karpacza. Jutro ... do Krystyny. Czy już ... do brata?

ł) pić – wypić

Jeszcze nie ... kawy. Celina często ... herbatę, ale nie lubi ... kawy. Może ... kieliszek dobrego czerwonego wina?

m) jeść – zjeść

Chętnie ... porcję kremu z owocami. Wieczorem nigdy nie ... dużo. Dzieci, czy już ... zupę?

7. Proszę ułożyć zdania:

a)	Ewa	była na dancingu	podczas urlopu
	Agnieszka	przeczytała ciekawą książkę	podczas wakacji
	Teresa	uszyła sukienkę	podczas pobytu w Gdyni
	Mira	odwiedziła siostrę	podczas pobytu na wczasach

b)	Hanka	zazdrości	Ewie	ciekawego urlopu
	Irena		Joannie	nowej sukienki
	Zosia		Krystynie	modnych butów
	Bożena		Agnieszce	podróży do Hiszpanii

Lekcja 31

Magda: Co będziecie robili w niedzielę?

Ewa: To zależy od pogody. Jeśli będzie słonecznie, pojedziemy na plażę i będziemy się opalać, pływać, grać w piłkę.

Magda: A jeśli będzie chłodno?

Ewa: Wtedy oczywiście nie pojedziemy nad wodę. Może pójdziemy do parku lub do kina, może będziemy oglądali telewizję lub grali w szachy. Nie mamy jeszcze konkretnych planów.

Magda: Wobec tego mam dla was propozycję: jeśli będzie brzydka pogoda, przyjdźcie do nas. Możemy zagrać w brydża.

Ewa: Wspaniały pomysł! Ale jeśli będzie ładnie, możecie pojechać z nami na plażę. Tam też możemy grać w brydża.

Magda: Chętnie. Powiem Marcionowi, na pewno się ucieszy.

Ewa: Jarek też chętnie zaakceptuje ten pomysł.

Magda: Wobec tego w niedzielę niezależnie od pogody będziemy grali w brydża!

Słowniczek

zależeć	abhängig sein	Czy pójdziesz na spacer? To zależy od pogody.
jeśli, jeżeli	wenn, falls	Jeśli będę miał pieniądze, kupię samochód.
słonecznie	sonnig	Wczoraj było słonecznie.

plaża	Strand	Na plaży jest dużo ludzi.
grać *(uv)* zagrać *(vo)*	spielen	grać w tenisa Może zagramy w karty?
piłka	Ball	Zagrasz ze mną w piłkę?
wtedy	dann	– Co będziesz robić, jeśli będzie padał deszcz? – Wtedy będę pisać listy.
woda	Wasser	Jedziemy nad wodę.
oczywiście	selbstverständlich	– Czy pójdziesz z nami do kina? – Oczywiście!
szachy	Schach	Czy umiesz grać w szachy?
konkretny, -a, -e	konkret	Nie mam jeszcze konkretnych planów na lato.
propozycja	Vorschlag	ciekawa propozycja
brzydki, -a, -ie	nicht schön, häßlich hier: schlecht	brzydka pogoda
przychodzić *(uv)*	kommen	Dlaczego do nas nie przychodzisz?
przyjść *(vo)*		Przyjdź jutro do mnie!
brydż	Bridge (Kartenspiel)	grać w brydża
pomysł	Idee, Einfall	To dobry pomysł.
ładnie	schön, hübsch	Wczoraj było ładnie, a dziś pada deszcz.

akceptować *(uv)*	akzeptieren, annehmen	Akceptuję twoje plany.
zaakceptować *(vo)*		Nie mogę zaakceptować tej propozycji.
niezależnie	unabhängig	Pójdę na spacer niezależnie od pogody.

Gramatyka

Das Futur

Es gibt zwei Möglichkeiten, die künftige Tätigkeit auszudrücken. Man spricht daher von zwei Typen des Futurs: dem einfachen und dem zusammengesetzten. Grammatisch gesehen, gibt es aber nur das zusammengesetzte Futur, denn die einfache Form hat nur die Bedeutung des Futurs, aber die Form des Präsens. Auf diese Art und Weise wird die Absicht ausgedrückt, etwas zu tun. Diese Form kann man nur von den vollendeten Verben ableiten.

Als *Beispiel* Formen des Verbs **napisać**:

napiszę	napiszemy
napiszesz	napiszecie
napisze	napiszą

Trotz der Form des Präsens wird dadurch ausgedrückt, daß die Tätigkeit nicht nur ausgeübt, sondern auch beendet wird. Es ist typisch für die vollendeten Verben.
Das eigentliche Futur kann zweierlei ohne Bedeutungsunterschied gebildet werden. Für die beiden Ausdrucksformen des Futurs ist das Futur des Hilfsverbs **być** von besonderer Bedeutung. Die Futurformen dieses Verbs lauten:

będę	będziemy
będziesz	będziecie
będzie	będą

Zu diesem Verb wird das unvollendete Verb zugegeben, und zwar:

a) immer im Infinitiv, oder
b) in der 3. Pers. Prät., ähnlich wie im Prät. auch nach Geschlecht abgewandelt.

Hier die Konjugationsbeispiele:

a) będę słuchać	będziemy słuchać
będziesz słuchać	będziecie słuchać
będzie słuchać	będą słuchać

b)

männl.	weibl.	sächl.
będę słuchał	będę słuchała	
będziesz słuchał	będziesz słuchała	
będzie słuchał	będzie słuchała	będzie słuchało

pers. Geschl.	nichtpers. Geschl.
będziemy słuchali	będziemy słuchały
będziecie słuchali	będziecie słuchały
będą słuchali	będą słuchały

Ćwiczenia

1. Proszę ułożyć zdania:

a) Latem	Marek	pojedzie	nad morze
W lipcu	Ewa		w góry
We wrześniu	Hanka		za miasto
W niedzielę	mój brat		do Krakowa

b)

Czy	pójdziesz		do teatru?
	pójdziecie	ze mną	do Krystyny?
	pojedziesz	z nami	na plażę?
	pojedziecie		do muzeum?

c)

W niedzielę		siostrę.
Jutro	odwiedzę	ciocię.
W piątek	odwiedzimy	rodziców.
Za tydzień		znajomych.

d)

Ewa i Jarek		do nas	o siódmej.
Goście	przyjdą	do Renaty	wieczorem.
Znajomi		do Karola	o wpół do ósmej.
Koleżanki		do Barbary	o siedemnastej.

e)

Co Monika będzie	robiła	dzisiaj?
	robić	wieczorem?
		jutro?
		w piątek?
Monika będzie	oglądała	telewizję.
	oglądać	film.
		fotografie.
		album o NRD.

f)

Co Janusz będzie	robił	na wczasach?
	robić	na urlopie?
Janusz będzie	jeździł	na nartach
	jeździć	na łyżwach.
	pływał	w morzu.
	pływać	w jeziorze.
	zbierał	jagody.
	zbierać	grzyby.

g)

Jak będziecie	spędzać			się opalać na plaży.
	spędzali	urlop? wakacje?	Będziemy	się opalali nad wodą.
	spędzały			się opalały nad morzem.

h) Co będziesz	robił	w niedzielę?		grać	w brydża.
	robiła	jutro?	Będę	grała	w piłkę.
	robić	wieczorem?		grał	w szachy.

i) Co	Ania i Wanda			
	Helena i Bożena	będą	oglądać oglądały	w teatrze?
	Sylwia i Magda			

One	będą	oglądać	dramat.
		oglądały	komedię.
			balet.
			nowoczesne przedstawienie.

j) W co	Janusz i Wojtek			wieczorem?
	Karol i Monika	będą	grali	jutro?
	studenci		grać	w niedzielę?

Oni będą	grać	w szachy.
	grali	w brydża.
		w piłkę.

2. Proszę uzupełnić, wstawiając odpowiednie formy czasu przyszłego: (Ergänzen Sie, indem Sie entsprechende Formen des Futurs eintragen):

Dziś wieczorem Hanka ... Dorotę. (odwiedzić) W piątek Monika ... do Krakowa. (wyjechać) Wieczorem Jola ... książkę. (czytać) Na urlopie my też ... na nartach. (jeździć) W niedzielę nie ... telewizji. (oglądać, ja) Jutro moje siostry ... (opalać się) Wieczorem Maria ... listy do koleżanek. (pisać) Na urlopie ... grzyby. (zbierać, my) Od października Krzysztof ... niemieckiego. (uczyć się) U Iwony ... dobrej muzyki. (słuchać, my) Nie ... na głupie pytania! (odpowiadać, ja) Alicja ... urlop w górach. (spędzać) Ewa i Jarek ... z Tadeuszem. (rozmawiać) Elżbieta i Wanda ... sobie letnie sukienki. (szyć)

3. Które zdania są prawdziwe, a które nie?

a) W niedzielę Ewa i Jarek pojadą do Opola. b) Jeśli będzie chłodno, nie pojadą na plażę. c) Magda proponuje wspólnego brydża. d) Jarek nie lubi grać w brydża. e) Na plaży nie można grać w brydża.

4. Proszę odpowiedzieć na pytania:

Co Ewa i Jarek będą robili w niedzielę? Co będą robili, jeśli będzie brzydka pogoda? Co proponuje Magda? Czy Ewa akceptuje ten pomysł? Czy Marcin i Jarek będą zadowoleni?

5. Proszę opowiedzieć treść dialogu (Erzählen Sie den Dialog):

6. Proszę opowiedzieć, jak spędzi Pan(i) – niedzielę
– urlop

a) jeśli pogoda będzie ładna
b) jeśli pogoda będzie brzydka.

7. Proszę wybrać właściwe odpowiedzi (Wählen Sie richtige Antworten)

Co można robić: a) na plaży; b) w parku; c) w domu; d) w szkole; e) w teatrze; f) w lesie;
opalać się; oglądać telewizję; oglądać balet; słuchać płyt; uczyć się matematyki; zbierać grzyby; kąpać się; zbierać jagody; oglądać przedstawienie; spacerować; wypoczywać; jeździć samochodem; grać w szachy; szukać kieliszków; fotografować; pływać; czytać książkę; zdawać egzamin; grać w piłkę; uczyć się angielskiego.

8. Proszę ułożyć zdania:

Jeśli Jeżeli	będzie ładna pogoda,	pójdę na spacer.
	nie będzie deszczu,	pójdę do parku.
	będę mieć czas,	pojadę na grzyby.
	nie przyjdą goście,	pojadę na plażę.
	będę mieć ochotę,	będę fotografować dzieci w parku.

Lekcja 32

Podróżny: Chciałbym jak najszybciej dostać się do Krakowa.
Informatorka: Najszybciej byłoby samolotem.
P.: Ma pani rację, ale na dzisiaj już nie ma miejsc.
I.: Wobec tego może pan pojechać pociągiem.
P.: A kiedy jest najbliższy pociąg do Krakowa?
I.: O 14.55, ale on jedzie bardzo długo. To jest pociąg osobowy i na miejsce przyjeżdża dopiero o 23.43.
P.: To za późno, ja muszę być w Krakowie wcześniej.
I.: O 16.03 jest pospieszny, a o 17.32-ekspres.
P.: A który będzie wcześniej w Krakowie?
I.: Ekspres.
P.: Najpóźniej wyjeżdża, a najwcześniej jest na miejscu?!
I.: Tak, to przecież ekspres.
P.: A czy w pociągu będę mógł coś zjeść? Czy jest w nim bar?
I.: Jest wagon restauracyjny.
P.: To jeszcze lepiej! Gdzie mogę kupić bilet?
I.: Bilet i miejscówkę dostanie pan w okienku numer dwa, naprzeciwko wejścia.
P.: Bardzo dziękuję.

Słowniczek

chcieć	wollen	Ania nie chce jechać do Lublina.
szybko	schnell	Ten samochód jedzie szybko.
jak najszybciej	möglichst schnell, schnellstens	Chciałbym jak najszybciej być w Krakowie.

dostać się *(vo)*	gelangen, kommen	Jak mogę dostać się do Warszawy?
bliski, -a, -ie	nah	bliski znajomy
najbliższy, -a, -e	der (die, das) nächste	najbliższy pociąg do Łodzi
długo	lange	Barbara już długo czeka na list od Małgorzaty.
osobowy, -a, -e	Personen-	pociąg osobowy
dopiero	erst	Ewa wróci dopiero w sobotę.
późno	spät	Dlaczego ona wróci tak późno?
musieć	müssen	Kiedy musi pan być we Wrocławiu?
wcześnie	früh	Jutro wrócę wcześnie.
pospieszny, -a, -e	Schnell-	pociąg pospieszny
ekspres	Expreß	Ekspres "Sachsenring" jedzie z Zwickau do Berlina.
przecież	doch	Dlaczego Lucyna nie uczy się niemieckiego? Przecież ona chce studiować w NRD?!
bar	Bar, Imbißwagen	W tym pociągu jest bar.
wagon	Zugwagen	Mam miejsce w drugim wagonie.
wagon restauracyjny	Speisewagen	Kolację zjemy w wagonie restauracyjnym.

jeszcze	noch	Pospieszny jedzie szybko, ale ekspres jeszcze szybciej.
lepiej	besser	Tomasz zna niemiecki lepiej niż Iwona.
bilet	hier: Fahrkarte	bilet na ekspres do Katowic
miejscówka	Platzkarte	Czy kupiłaś miejscówki?
okienko	Schalter	Bilety na dzisiaj dostanie pani w okienku numer pięć.
wejście	Eingang	Nie mogę znaleźć wejścia.

Gramatyka

Steigerung des Adverbs

Die größte Gruppe der Adverbien, die sog. qualitativen Adverbien, werden im Polnischen gesteigert. Es sind Adverbien, die von qualitativen Adjektiven abgeleitet sind. Sie enden auf **-o** bzw. **-e**: szybko, dobrze, ciekawie, krótko.

Der Komparativ wird mit Hilfe des Suffixes **-ej** gebildet. Mit dem Anfügen dieses Suffixes ist der Konsonantenwechsel verbunden: der letzte Stammkonsonant wird weich: chłodno – chłodniej; szybko – szybciej; długo – dłużej.

Einige Adverbien bilden den Komparativ mit verkürztem Stamm. Es handelt sich um Adverbien auf **-eko**, **-oko**, **-ko**: daleko – dalej; głęboko – głębiej; płytko – płycej.

Unregelmäßige Komparativbildung haben u. a.: dobrze – lepiej; źle – gorzej (schlecht, schlimm); dużo – więcej; mało – mniej; lekko – lżej (leicht). Manche Adverbien bilden ihren Komparativ mit Hilfe des Adverbs "bardziej" (Komparativ von "bardzo"), z. B. interesująco – bardziej interesująco; gorzko – bardziej gorzko (bitter).
Der Superlativ wird mit Hilfe des Präfixes **naj-** gebildet. Als Ausgangsform dafür gilt der Komparativ: szybko – szybciej – najszybciej; dobrze – lepiej – najlepiej.
Pronominaladverbien (gdzie, tu, wczoraj, teraz usw.) werden nicht gesteigert.

Ćwiczenia

1. Które zdania są prawdziwe, a które fałszywe?

a) Podróżny chce jak najszybciej dostać się do Krakowa. b) Najszybszy jest pociąg pospieszny. c) Najbliższy pociąg do Krakowa jedzie bardzo długo. d) Najpóźniej wyjeżdża ekspres. e) W ekspresie jest wagon restauracyjny. f) Bilety można kupić w okienku numer dwa. g) Miejscówki można kupić w sklepie.

2. Proszę odpowiedzieć na pytania:

Dokąd chce jechać podróżny? Co proponuje informatorka? Dlaczego podróżny nie leci samolotem? Kiedy jest najbliższy pociąg do Krakowa? Ile godzin jedzie ten pociąg? Czy jest pociąg pospieszny? Czy są jeszcze inne pociągi do Krakowa? Który pociąg będzie najwcześniej na miejscu? Czy w pociągi ekspresowym jest wagon restauracyjny lub bar? Gdzie podróżny może kupić bilet i miejscówkę?

3. Proszę ułożyć zdania według wzoru:

Pociąg z Berlina do Poznania jedzie długo. (Berlin – Warszawa; Berlin – Moskowa)

Pociąg z Berlina do Warszawy jedzie dłużej. Pociąg z Berlina do Moskwy jedzie najdłużej.

a) Autobus z Gdańska do Sopotu jedzie długo. (Gdańsk – Bydgoszcz; Gdańsk – Warszawa)
b) Marek dobrze mówi po angielsku. (Iwona; Henryk)
c) Krzysztof wrócił późno. (Agata; Marian)
d) Ten pociąg jedzie szybko. (pociąg pospieszny; ekspres)
e) Ewa mieszka blisko szkoły. (Halina; Bożena)
f) W środę było ciepło. (we wtorek; w poniedziałek)
g) Spódnica kosztowała dużo. (buty; płaszcz)
h) Pan Jastrzębski często jeździ do Berlina. (pani Mroczkowska; pan Szymczak)
i) Kowalscy mieszkają wysoko. (Jabłońscy; Pawlakowie)
j) Janusz interesująco opowiada o swojej podróży. (Karol; Witold).

4. Proszę ułożyć zdania według wzoru:

(dużo)

Jacek ma 5 000 złotych. – Jacek ma dużo pieniędzy.
Ewa ma 5 800 złotych. – Ewa ma więcej pieniędzy.
Karol ma 7 550 złotych. – Karol ma najwięcej pieniędzy.

a) Monika gra w brydża w każdą sobotę. (często); Janusz gra w brydża we wtorki i piątki. Adam gra w brydża w poniedziałki, wtorki i czwartki.
b) Agnieszka dostała 4 listy. (dużo); Maryla dostała 6 listów. Hanka dostała 11 listów.
c) Irena wróciła z urlopu 26.07. (wcześnie); Anna wróciła z urlopu 22.06. Mira wróciła z urlopu 14.06.
d) Wróciliśmy z teatru o 22.55. (późno); Roman wrócił z teatru o 23.20. Artur wrócił z teatru o 23.55.
e) Pan Bromski mieszka 45 km od Warszawy. (daleko); Pan Sosnowski mieszka 60 km od Warszawy. Pan Górnicki mieszka 85 km od Warszawy.

5. Proszę uzupełnić:

a) Halina, Beata i Maryla uczą się niemieckiego. Mówią już ... po niemiecku. ... mówi Beata. Beata też ... czyta, ale Halina czyta ... ... czyta Maryla.
(dobrze – dużo – więcej – najwięcej – najlepiej)

b) Adam wraca do domu ..., ale wczoraj przyszedł ..., dopiero o 20.15. Barbara wróciła trochę ..., o 19.50, więc nie czekała ... na męża. Adam i Barbara mieli wczoraj ... pracy. Dzisiaj także są ... zajęci, wrócą ... niż wczoraj. Ale ... wróci ich syn: dziś wieczorem ma odwiedzić kolegę.
(wcześnie, dużo, długo, późno, bardzo, wcześniej, później, najpóźniej).

6. Proszę podać antonimy:

długo, często, mało, blisko, wcześnie, szeroko, tanio, cierpliwie, wygodnie, jasno

Klucz do ćwiczeń – Schlüssel zu den Übungen

Hier werden Lösungen von Übungen angegeben, bei denen nur eine Lösung möglich ist. Sollen in einer Übung Sätze nach einem Muster gebildet werden, wird hier kein weiteres Satzmuster angegeben.

Lekcja 2

Ćw. 5.: 1. za droga, zbyt kolorowa, za szeroka, za jasna
2. za droga, za szeroka, za jasna
3. zbyt kolorowa, za jasna
4. za droga, za szeroka, za jasna
5. zbyt niecierpliwa, zbyt lekkomyślna, zbyt roztargniona
6. zbyt niecierpliwa, zbyt lekkomyślna, zbyt roztargniona
7. zbyt niecierpliwa, zbyt lekkomyślna, zbyt roztargniona
8. za wysoka

Lekcja 3

Ćw. 5.: 1. za jasne, za drogie; 2. roztargnione, lekkomyślne; 3. za jasne, za drogie; 4. za małe; 5. roztargnione, lekkomyślne

Ćw. 6.: 1. jasne; 2. drogie; 3. niecierpliwe; 4. brzydkie

Lekcja 5

Ćw. 2.: a) jesteś; jest; b) jesteś; jestem; c) jest; jest; jestem

Ćw. 3.: jest; jestem; jesteś; jest; jest; jestem; jesteś

Ćw. 4.: niezadowolony; niemiły; niesympatyczny; niecierpliwa; niemodna; niedroga (tania); ciemne; niespokojne; szeroki; niewygodny; nietypowe; nieciekawy; przyjemny

Lekcja 6

Ćw. 1.: Jestem lekarzem (chemikiem, nauczycielką, studentem).
Jestem dyrektorem (inżynierem, architektem, urzędnikiem).
Jestem pielęgniarką (sprzedawczynią, lekarką).
Pan Wolski jest robotnikiem (profesorem, chemikiem).
Pani Stawska jest nauczycielką (pielęgniarką).

Ćw. 2.: Pani Wolska jest architektem (urzędniczką, nauczycielką, robotnicą, dyrektorką, sprzedawczynią, kierowcą, chemikiem/chemiczką, inżynierem).

Ćw. 3.: 1. Jestem architektem. 2. Pani Markowska jest nauczycielką. 3. Ewa jest studentką. 4. Jestem urzędniczką. 5. Pan Szymański jest lekarzem. 6. Marek jest robotnikiem. 7. Pan Romański jest sprzedawcą. 8. Pani Adamiak jest sprzedawczynią. 9. Jestem inżynierem.

Ćw. 4.: Pan Bogucki jest lekarzem. 2. Mój kuzyn jest robotnikiem. 3. Monika jest studentką. 4. Jestem inżynierem. 5. Kim jesteś? 6. Czy on jest kierowcą? 7. Pan Krawczyk jest dyrektorem. 8. Panie Kowalski, kim pan jest? 9. Mój brat jest sprzedawcą. 10. Czy pani jest pielęgniarką?

Lekcja 7

Ćw. 2.: studentami, lekarzami, nauczycielami, architektami, kajakarzami, fryzjerkami, studentkami, pielęgniarkami.

Ćw. 3.: inżynierami, sprzedawcami, nauczycielkami, pielęgniarkami, chemikami.

Ćw. 4.: lekarze, wioślarze, nauczyciele, piosenkarze
profesorowie, synowie, Marczakowie, Stefanowie, dyrektorowie, inżynierowie
kierowcy, studenci, chłopcy, kuzyni, fryzjerzy, kierownicy
studentki, fryzjerki, sukienki, wersalki, filmy, dramaty
parasole, spódnice, płaszcze
mieszkania, miasta, muzea, przedstawienia, ubrania.

Ćw. 5.: Mój brat i mój przyjaciel są studentami. Ewa i Dorota nie są studentkami, one są sprzedawczyniami. Pani Kownacka i pan Dobrowolski są nauczycielami. Czy jesteście studentami? Nie, jesteśmy inżynierami.

Lekcja 8

Ćw. 2.: miły – mili; zdolny – zdolni; elegancki – eleganccy; wysoki – wysocy

Ćw. 4.: Pani Złotowska i pan Szymczak są mili. Irena i Piotr są sympatyczni. Wojtek i Sławek są nieuprzejmi. Dorota i Jurek są roztargnieni. Synowie są lekkomyślni. Tomasz i Janusz są przystojni. Paweł i Michał są wysocy. Teresa i Andrzej są muzykalni.

Lekcja 9

Ćw. 3.: Te niebieskie sukienki są bardzo ładne. Te małe dzieci są muzykalne. Te angielskie filmy nie są interesujące. Te dziewczyny są bardzo nerwowe. Te jedwabne sukienki są ładne, ale za drogie. Te skórzane torebki są eleganckie. Te czarne paski są za szerokie. Te nowe mieszkania są ustawne. Moje nowe ubrania są bardzo wygodne.

Ćw. 4.: zdolne; muzykalne; lekkomyślne; uczynne.

Lekcja 10

Ćw. 3.: Nazywam się Marian Dąbrowski. Ty mieszkasz w Krakowie. Podobno Artur ma nowe mieszkanie w Warszawie. Wiemy, że Pawlakowie już nie mieszkają w Ursusie. Czy wiecie, jak nazywa się ten lekarz? Czy państwo wiedzą, gdzie mieszka pan Adam Karczewski? Nie rozumiem. Gdzie mieszka Paweł?

Przepraszam, czy ty nazywasz się Ewa Podolska? Nazywam się Podolska, ale nie mam na imię Ewa. Mam na imię Iwona.

Ćw. 4.: Pani Czerwińska mieszka w Krakowie. Mój chłopak mieszka na Mokotowie. Ja nie mieszkam w Śródmieściu, ale na Ursynowie. Przepraszam, czy pan mieszka w Berlinie? Mieszkamy na Marymoncie. Czy jeszcze mieszkacie w Gdyni? Ewa mieszka w centrum, a Jola na Ochocie.

On ma mieszkanie w Krakowie, ale teraz mieszka w Łodzi. Mamy nowe mieszkanie w Magdeburgu. Kuzynka Monika mieszka w Erfurcie.

Ćw. 5.: Irena jest moją kuzynką. Ona mieszka w Szczecinie. Ma tam mieszkanie. Mieszkanie jest małe, ale bardzo przytulne. Mój brat nie mieszka w Szczecinie, on mieszka w Łodzi. On jest studentem.

Lekcja 11

Ćw. 2.: a) młodszą siostrę; Agnieszkę Szpakowską; panią Martę Jodłowską; modną beżową spódnicę; Elżbietę Borowiak;
b) Stare Miasto; małe dziecko; dobre miejsce; trudne zadanie; interesujące przedstawienie;
c) nowy samochód; nowy angielski film; francuski koniak; elegancki złoty pierścionek; duży dom i piękny ogród;
d) starszego brata; Jacka Płońskiego i Michała Królaka; dobrego ojca; lekkomyślnego syna; sympatycznego szwagra;
e) nową sekretarkę; panią Barbarę Zakrzewską; język angielski; niemiecki i włoski; panią Barbarę;
małe dziecko; anginę;
Monikę Wachowiak; teatr, kino, operę i balet;
nowy samochód; nowe mieszkanie i nową żonę;
nauczyciela; trudne zadanie; matematykę; egzamin.

Lekcja 12

Ćw. 2.: 1. nowego francuskiego dramatu; 2. wiersza Adama Mickiewicza; 3. Ewy, numeru telefonu syna pani Krystyny Szymańskiej; 4. wąskiej spódnicy, modnej sukienki, nowego płaszcza, skórzanej torebki; 5. Muzeum Etnograficznego; 6. dziecka Anny i Piotra; 7. trudnego zadania; 8. matematyki.

Ćw. 3.: 1. Nie znam pani Teresy Kowalczyk. 2. Nie mam adresu doktora Sowińskiego. 3. Nie rozumiem zadania z fizyki. 4. Nie znam dziecka pana Barańskiego. 5. Nie mam nowego długopisu. 6. Nie umiem jeszcze wiersza Juliusza Słowackiego. 7. Nie znam siostry Bożeny Błońskiej. 8. Nie mam listu od Agnieszki. 9. Nie mam podręcznika do biologii.

Ćw. 4.: Mieszkam na przedmieściu. Mam mały dom i duży ogród. Nie mam samochodu. Do miasta jeżdżę autobusem. Nie mam dziecka. Mam mało czasu.
Eliza jest studentką. Mieszka w Lublinie. Nie ma brata. Nie ma także siostry. Ona też ma mało czasu. Jest zdolna, inteligentna i cierpliwa. Jest dobrą studentką. Nie ma dużego mieszkania, tylko mały pokój blisko centrum. Mój brat też mieszka w Lublinie, ale nie zna Elizy.

Lekcja 13

Ćw. 2.: a) Aniu, u Beaty, mamo, z Beatą, u Roberta
b) Marku, Monice i Tomaszowi, o nowym filmie francuskim, czasu
c) Krzysztofie, Jackowi, brązową walizkę, Jackowi, brązowej walizki, skórzaną torbę
d) z kuzynką, w nowym mieszkaniu, w Śródmieściu, muzeum

Ćw. 5.: Barbaro, czy Henryk jest w domu? Mam ciekawą wiadomość dla brata Moniki. Kochany Januszu! Od wczoraj jestem w Lublinie. Powiem o tym Tadeuszowi, kiedy wróci do domu. Dlaczego pytasz? Dlaczego pan(i) pyta? Jerzy idzie z dzieckiem do kina. Zawsze kiedy odwiedzam Dorotę, przychodzę późno do domu. Co oglądasz? Pytam Urszulę o drogę do klubu. Czy powiesz Renacie o nowym mieszkaniu Barbary?

Lekcia 14

Ćw. 2.: Ja uczę się (ty uczysz się, Renata uczy się, my uczymy się, wy uczycie się, Ela i Hanka uczą się) rosyjskiego.
Ja mówię (ty mówisz, Michał mówi, my mówimy, wy mówicie, państwo Kowalscy mówią) płynnie po hiszpańsku.
Ja nie słyszę (ty nie słyszysz, Bożena nie słyszy, my nie słyszymy, wy nie słyszycie, Tomek i Tadek nie słyszą) nauczyciela.

Ja się cieszę (ty się cieszysz, dziecko się cieszy, my się cieszymy, wy się cieszycie, Iwona i Lilka się cieszą).

Ćw. 3.: (ty). uczysz się, uczę się, mówię, uczą się, uczą się, uczy się, mówi.

Ćw. 5.: Uczę się polskiego. Nie mówię jeszcze płynnie po polsku, ale cieszę się, że dużo rozumiem. Czytam ciekawe teksty. Często uczę się z Moniką. Ona już dobrze mówi po polsku. Rozmawiamy o Polsce, o polskiej literaturze i kulturze. Cieszę się, że uczę się z Moniką mówić i czytać po polsku.

Lekcja 15

Ćw. 2.: jedzie; leci; jadę; lecę; płyną; jedziesz; płynie; lecimy.

Ćw. 3.: a) Spędzam urlop nad jeziorem. Lubię spacery. Często chodzę na długie spacery po lesie, zbieram grzyby i jagody. Dużo kąpię się w jeziorze. Niestety nie umiem pływać.

b) Pan Pawlak dużo podróżuje. W styczniu leci do Tokio. W lutym jedzie do Bułgarii, a w marcu musi być we Francji. W kwietniu i maju zostaje w Polsce, ale w czerwcu jedzie do Hiszpanii. W lipcu ma urlop. Chce spędzić urlop w górach, w Tatrach. W sierpniu leci do Indii, a we wrześniu musi być w Szwecji. W październiku jedzie na Węgry i do Rumunii, a w listopadzie – do NRD. W grudniu jedzie do Algierii. (On) ma ciekawą pracę.

Lekcja 16

Ćw. 1.: Jego żona jest urzędniczką. Jej chłopak studiuje chemię. Nasz syn mieszka w Gdańsku. Gdzie pracuje twój brat? Moje mieszkanie jest duże i wygodne. Ich syn ma na imię Marcin. Ich córka ma na imię Beata. Moja siostra mieszka w Lublinie. Mój brat mieszka w Opolu. Twoja kuzynka studiuje matematykę. Twój szwagier studiuje medycynę. Jego żona jest kelnerką. Jego brat jest robotnikiem. Jej siostra ma nowy samochód. Jej kuzyn ma kolorowy telewizor. Nasz syn jedzie na urlop nad morze. Nasza córka jedzie na urlop na obóz. Ich kuzynka ma urlop w maju. Ich syn ma urlop w sierpniu.

Lekcja 17

Ćw. 1.: Moje siostry jadą do Lublina. Moi bracia jadą do Poznania. Moi rodzice jadą do Warszawy.
Twoje siostry są muzykalne. Twoi rodzice są sympatyczni. Twoje sukienki są modne.
Jej kuzynki studiują polonistykę. Jej bracia studiują elektronikę.
Jego córki są studentkami. Jego synowie są lekarzami.
Nasi rodzice jadą do Jugosławii. Nasze siostry jadą do Bułgarii.
Ich meble są wygodne. Ich pokoje są jasne.

Ćw. 2.: Moi bracia mieszkają tutaj, a moje siostry mieszkają w Łodzi. Również twoje siostry mieszkają w Łodzi.
To (jest) nasze mieszkanie. Nasze pokoje są wygodne i jasne.
Nasze meble nie są nowe, ale dobre.
Gdzie są wasze dzieci? Nasze dzieci są jeszcze w szkole.
Monika studiuje chemię. Jej bracia studiują medycynę. Jej kuzynki studiują romanistykę.
To jest pan Piotrowki. Jego dzieci i moje dzieci uczą się razem.

Lekcja 18

Ćw. 1.: pracuj – pracujmy – pracujcie; pomóż – pomóżmy – pomóżcie; pomagaj – pomagajmy – pomagajcie; poczekaj – poczekajmy – poczekajcie; jedź – jedźmy – jedźcie; wiosłuj – wiosłujmy – wiosłujcie; powiedz – powiedzmy – powiedzcie; zbieraj – zbierajmy – zbierajcie; stój – stójmy – stójcie; czekaj – czekajmy – czekajcie; daj – dajmy – dajcie; pisz – piszmy – piszcie; ucz się – uczmy się – uczcie się

Ćw. 2.: Pomóż Ewie! Pomóżcie bratu! Postaw walizkę tutaj! Postawcie na stole kieliszki do wina! Przynieś mi proszę szary płaszcz! Przynieście parasol! Ucz się polskiego! Uczcie się z Beatą! Uczmy się angielskiego! Poczekaj proszę!

Ćw. 4.: kieliszek: do wina, do likieru, do szampana, do wódki, do koniaku

widelec: do ciasta, do tortu
łyżeczka: do kawy, do herbaty
talerz: płytki, głęboki.

Ćw. 5.: Mam kupić kieliszki do szampana. Mój brat ma odwiedzić swojego znajomego. Co masz przynieść?

Lekcja 19

Ćw. 1.: napisałem, napisałam, napisałeś, napisałaś; wróciła; byliśmy, byłyśmy, byliście, byłyście; studiował; pokazały; pojechali; ucieszyło się; kupiłem, kupiłam, kupiliśmy, kupiłyśmy; byłeś, byłaś; rozmawiałem, rozmawiałam; czytałeś, czytałaś, czytaliście, czytałyście; uczył się.

Ćw. 2.: Wczoraj napisałem (napisałam) list. Artur czekał na mnie w teatrze. Pociąg przyjechał punktualnie. Dobrze zdałem (zdałam) egzamin. Wieczorem byliśmy (byłyśmy) w kinie. Kupiłem (kupiłam) skórzaną walizkę. Gdzie byliście (byłyście) w sierpniu? Pan Szymański mieszkał w Lublinie.

Ćw. 3.: Marek pisze list do Agnieszki. Marek przyjechał do Krakowa wczoraj wieczorem. Tak, on miał dobrą podróż. Na Marka czekał Grzegorz. Marek i Grzegorz pojechali najpierw do hotelu. Grzegorz pokazał Markowi Wawel, Kościół Mariacki i Sukiennice. Marek nie napisał wczoraj listu, ponieważ był zmęczony.

Ćw. 6.: Kto kupił nowy samochód? Gdzie mieszka Dorota? Kiedy byliście w teatrze? Dokąd pojechała Teresa na urlop?

Lekcja 20

Ćw. 1.: ja, ty, on, ona, ono, my, wy, oni, one
dla mnie, dla ciebie, dla niego, dla niej, dla niego, dla nas, dla was, dla nich, dla nich
mnie, tobie, jemu, jej, jemu, nam, wam, im, im
mnie, ciebie, jego, ją, je, nas, was, ich, je
ze mną, z tobą, z nim, z nią, z nim, z nami, z wami, z nimi, z nimi
o mnie, o tobie, o nim, o niej, o nim, o nas, o was, o nich, o nich.

Ćw. 2.: mnie, jego, was; mnie, jej, nam; je, ją, ich; z nim, z nami, z nimi; o tobie, o niej, o nich.

Ćw. 3.: od niego; jemu (mu); on, na nie; z nimi, do niego; dla nich; z nimi; on, jej; dla niej.

Ćw. 4.: Dostałem (dostałam) wczoraj list. Dziękuję Ci za niego. Mam nową sukienkę. Ona jest bardzo elegancka. Bardzo mi się podoba. Moja siostra była wczoraj u mnie. Jej również podobała się sukienka.
Uczymy się polskiego. Ten język sprawia nam czasem kłopot, ale podoba się nam.
Andrzej prosił mnie o książkę. Dałem (dałam) mu ją.

Ćw. 5.: Agnieszka dostała list dziś rano. Agnieszka zdała egzamin na piątkę. Profesor zadał jej trzy pytania. Dwa pytania były bardzo łatwe, trzecie było trudniejsze. Teresa była wczoraj u Agnieszki. Sukienka podobała się jej. Teresa prosiła Agnieszkę o wykrój. Agnieszka obiecała Teresie, że pomoże jej uszyć taką sukienkę. Marcin pytał o Marka. Chciał z nim omówić jakąś ważną sprawę. Agnieszka dała mu numer telefonu Marka.

Lekcja 21

Ćw. 1.: 5 11 12 40 63 80 102 213 543 818 906 1004 5000 6370 19116

Ćw. 2.: Torebka kosztuje osiemset osiemdziesiąt złotych. Bluzka kosztuje sześćset trzydzieści pięć złotych. Spódnica kosztuje tysiąc trzysta trzydzieści złotych. Buty kosztują tysiąc dziewięćset pięćdziesiąt złotych. Książka kosztuje osiemdziesiąt siedem złotych. Kieliszek kosztuje czterdzieści jeden złotych. Sukienka kosztuje dwa tysiące sto czterdzieści złotych. Sześć kieliszków kosztuje dwieście czterdzieści sześć złotych. Pięć książek kosztuje czterysta trzydzieści pięć złotych. Dwie bluzki kosztują tysiąc dwieście siedemdziesiąt złotych. Buty i torebka kosztują dwa tysiące osiemset trzydzieści złotych. Buty i sukienka kosztują cztery tysiące dziewięćdziesiąt złotych. Spódnica i bluzka kosztują tysiąc dziewięćset sześćdziesiąt pięć złotych. Torebka i spódnica kosztują dwa tysiące dwieście dziesięć złotych.

Ćw. 3.: trzy; czternaście; dwadzieścia sześć; czterdzieści; pięćdziesiąt siedem; sześćdziesiąt trzy; sześćdziesiąt sześć; siedemdziesiąt cztery; sto sześć; sto sześćdziesiąt; dwieście pięćdziesiąt cztery; trzysta czternaście; trzysta czterdzieści; trzysta czterdzieści cztery; pięćset czternaście; osiemset pięćdziesiąt dziewięć; dziewięćset dziewiętnaście; tysiąc sto czterdzieści; tysiąc pięćset dziewięćdziesiąt sześć; tysiąc dziewięćset osiemdziesiąt pięć; dziewiętnaście tysięcy dziewięćset dziewięćdziesiąt dziewięć.

Ćw. 4.: tanio, drogo, lekkomyślnie, wysoko, gustownie, po francusku, szeroko, spokojnie, po polsku, niewygodnie, przyjemnie, mało, świetnie, elegancko, nerwowo, dobrze, po szwedzku, daleko, nowocześnie.

Ćw. 5.: Ewa uszyła sobie spódnicę. Kupiłem (kupiłam) sobie nowe buty. Opowiedz coś o sobie! Obejrzyjmy sobie wystawy! Czy kupiliście sobie samochód?

Ćw. 6.: tygodniu, sukienkę, tysiąc pięćset osiemdziesiąt, buty, wygodne buty, wiśniowych, torebki, obuwiem, skórzaną.

Lekcja 22

Ćw. 1.: a) dwie, trzy, cztery; dwaj, trzej, czterej; dwa, trzy, cztery;
b) dwóch, trzech, czterech; dwóch, trzech, czterech; dwóch, trzech, czterech;
c) dwóm, trzem, czterem; dwóm, trzem, czterem; dwóm, trzem, czterem;
d) dwie, trzy, cztery; dwóch, trzech, czterech; dwie, trzy, cztery;
e) dwiema, trzema, czterema; dwoma, trzema, czterema; dwiema, trzema, czterema;
f) dwóch, trzech, czterech; dwóch, trzech, czterech; dwóch, trzech, czterech.

Ćw. 2.: a) obaj; obu; obu; obu; oboma; obu;
b) obie; obu; obu; obie; obiema; obu;
c) oba; obu; obu; oba; oboma; obu.

Ćw. 3.: a) pięć, sześć, siedem, osiem – studentek, koleżanek
pięciu, sześciu, siedmiu, ośmiu – studentów, kolegów, sportowców, chłopców
b) sześć, osiem, dziewięć, jedenaście

c) pięciu, sześciu, dziewięciu, dziesięciu
d) siedmiu, ośmiu, dziesięciu, czternastu – sportowców, profesorów, lekarzy
siedem, osiem, dziesięć, czternaście – nauczycielek, sprzedawczyń, studentek
e) z pięcioma, sześcioma, dziesięcioma, dwunastoma
f) o pięciu, siedmiu, ośmiu, dziesięciu.

Ćw. 4.: dwie, trzej, pięciu; dwóch, cztery, pięć; trzem, czterem, sześciu; dwóch, trzy, cztery; dwiema, trzema, sześcioma; trzech, czterech, pięciu.

Ćw. 5.: interesujące filmy, ciekawe książki, wygodne buty, zdolni koledzy; muzykalnych braci, dużych pokoi, eleganckich sukienek, biletów autobusowych; ładnym torebkom, szybkim samochodom, modnym płaszczom, skórzanym walizkom; tanie kieliszki, interesujące książki, skórzane buty, wygodne fotele; młodych Kowalskich, roztargnione siostry Marii, muzykalnych studentów, zdolnych architektów; z dobrymi sportowcami, z małymi dziećmi, ze zdolnymi gitarzystami, z ładnymi studentkami; o zdolnych studentach, o roztargnionych profesorach, o modnych sukienkach, o ciekawych miastach.

Ćw. 8.: Państwo Michalakowie dostali w maju nowe mieszkanie. Ono jest duże i wygodne. Oba pokoje są przestronne i słoneczne. Również kuchnia jest jasna i duża. W jednym pokoju mieszka córka Ewa. W pokoju rodziców są nowe meble: wersalka, trzy brązowe fotele, stół i ciemny regał. Na balkonie są piękne kwiaty, ponieważ pani Michalak lubi kolorowe kwiaty.

Lekcja 23

Ćw. 4.: u mojej, u twojej, u twojego, u naszego, u naszego, u waszego, u moich, u naszych, u twoich, u naszych; w moim, w twoim, w waszym, w ich; mojego, naszego, twoich, ich, naszych, moich, jej, naszego, moich, waszych; mojego, waszego, naszej, ich, moich, swoich, jego, naszych; z moją, z waszą, z naszym, z jego, z naszymi, z waszymi, z jej, z twoimi.

Ćw. 5.: a) twój, mojej, twoja, swoimi, jej, jej;
b) waszego, naszym, swoją, jego.

Ćw. 6.: Wczoraj odwiedziłem (odwiedziłam) swoją siostrę. Ona ma nowe mieszkanie. Mieszka tam ze swoim mężem. Jej (ich) mieszkanie jest bardzo ładne (piękne).
Ewa kupiła sobie sukienkę. Jej sukienka podoba mi się. Za swoją sukienkę dała 880 złotych.

Lekcja 24

Ćw. 1.: a) z Krakowa, z Warszawy, z klubu sportowego; obok Doroty, obok regału, obok leksykonu; naprzeciwko hotelu, naprzeciwko okna, naprzeciwko Wachowiczów; do Bułgarii, do kina, do szkoły; koło domu, koło kina, koło biblioteki;
b) przez park; przez Czechosłowację, Węgry i Rumunię; przed biuro, przed dom; nad morze, nad jeziora; pod krzesło, pod tapczan; za dom, za miasto; między regał a biurko, między książki; na wyspę, na Węgry;
c) między regałem a oknem, między książkami, między kuchnią a pokojem rodziców; za adapterem, za domem, za granicą; pod oknem, pod stołem, pod Warszawą; nad biurkiem, nad morzem, nad jeziorem; przed domem, przed kinem, przed telewizorem;
d) na krześle, na stole, na wersalce; w szufladzie, w pokoju, we Wrocławiu; przy stole, przy Placu Mickiewicza, przy oknie.

Ćw. 3.: a) W moim pokoju jest jedno okno. Pod oknem stoi biurko. Ono stoi między regałem a tapczanem. Naprzeciwko tapczanu stoi mały stół. Na stole stoi telewizor. Za telewizorem znajduje się lampa.
b) Pan Malinowski pojechał nad morze. On spędza urlop nad morzem. Pojechał przez Olsztyn i Malbork do Gdyni. W Gdyni mieszka jego brat.

Lekcja 25

Ćw. 1.: jedenastego stycznia tysiąc dziewięćset sześćdziesiątego szóstego roku; dwudziestego piątego lutego tysiąc sześćset sześćdziesiątego piątego roku; dwudziestego dziewiątego marca tysiąc dziewięćset osiemdziesiątego roku; dziewiętnastego kwietnia tysiąc dziewięćset dziewięćdziesiątego dziewiątego roku; drugiego maja dwutysięcznego roku; trzydziestego czerwca tysiąc siedemset trzeciego roku; czternastego lipca tysiąc siedemset osiemdziesiątego dziewiątego roku; dwudziestego pierwszego sierpnia tysiąc dziewięćset siedemdziesiątego ósmego roku; szesnastego września tysiąc dziewięćset osiemdziesiątego trzeciego roku; dziesiątego października tysiąc dziewięćset pięćdziesiątego piątego roku; piątego listopada tysiąc dziewięćset czterdziestego drugiego roku; czwartego grudnia tysiąc dwieście pięćdziesiątego drugiego roku.

Ćw. 2.: dziewiętnastego lipca; siódmego marca; pierwszego czerwca; dwudziestego ósmego maja; dziesiątego lutego; trzynastego sierpnia.

Ćw. 4.: W poniedziałek Agnieszka zdała egzamin. We wtorek pomogła Teresie szyć sukienkę. W środę poszła z Iwoną do teatru. W czwartek napisała list do Marka. W piątek uczyła się angielskiego. W sobotę słuchała płyt. W niedzielę odwiedziła rodziców.

Lekcja 26

Ćw. 3.: do dwudziestego szóstego sierpnia, do osiemnastej trzydzieści, do dwudziestej drugiej; od czwartku, od pierwszego lipca, od trzech miesięcy; około siedmiu miesięcy, około dwóch godzin, około tygodnia;

b) za godzinę, za trzy kwadranse, za dwa dni; przez cztery godziny, przez pięć lat, przez godzinę; na dwa tygodnie, na godzinę, na trzy godziny; w środę, w czwartek, w sobotę;

c) przed tygodniem, przed dziesięcioma dniami, przed godziną;

d) po sześciu godzinach, po czterech latach, po filmie; w lutym, w czerwcu, w grudniu.

Ćw. 4.: W poniedziałek od godziny szesnastej do osiemnastej trzydzieści Ewa zbierała grzyby. We wtorek od dwudziestej piętnaście do dwudziestej trzeciej dziesięć oglądała telewizję. W sobotę od dwunastej dwadzieścia do czternastej pięć czytała książkę. W niedzielę o szesnastej pięćdziesiąt poszła do kina.

Lekcja 27

Ćw. 1.: a) falsch b) richtig c) richtig d) richtig e) richtig f) falsch g) falsch h) falsch i) richtig j) richtig k) richtig l) falsch.

Ćw. 3.: a) bez pani Ziółkowskiej, bez pieniędzy, bez dzieci; dla Agnieszki, dla dyrektora, dla córeczki;
do koleżanki, do czerwonego wina, do Ewy i Jarka
od Kasi, od Haliny, od państwa Rybickich
u Maryli, u kuzyna, u siostry
z prezentu, z nowego mieszkania, z jedwabiu
b) przez mikroskop, przez siostrę
ponad tysiąc pięćset złotych, ponad sześćdziesiąt metrów kwadratowych
za płytę, za ciekawą książkę
na imieniny, na egzamin
w kratkę, w kwiatki
po pięćdziesiąt złotych, po sukienkę
o dziecko, o książkę
c) z bratem i siostrą, z długim paskiem
za piernikami, za nowoczesną muzyką
przy muzyce klasycznej, przy nowoczesnej muzyce
na łyżwach, na gitarze
w nowej bluzce, w wiśniowej sukience
po jednym pierniku, po jednym kieliszku
o podróży służbowej do Bułgarii, o rodzicach Marka.

Ćw. 4.: a) po; do; na; ze; w; z; w; na; w; na; bez;
b) od; na; ze; od; o; z; z; przy; za; od; o;

Lekcja 28

Ćw. 2.: a) Magda chciałaby wypić coś chłodnego. b) Roman chciałby pojechać na obóz. c) Prosilibyśmy o trzy porcje lodów. d) Ewa napisałaby list do siostry. e) Marek i Wojtek odwiedziliby Pawła. f) Dziecko miałoby chęć na owoce. g) Iza kupiłaby sobie nowy płaszcz. h) Czy chcielibyście nas odwiedzić?

Ćw. 4.: śliwkowy, gruszkowy, truskawkowy, malinowy, czereśniowy, jeżynowy, jagodowy, agrestowy, morelowy, brzoskwiniowy, orzechowy, kakaowy, czekoladowy, waniliowy.

Lekcja 29

Ćw. 1.: a) milszy, najmilszy; zdolniejszy, najzdolniejszy; wyższy, najwyższy; szerszy, najszerszy; modniejszy, najmodniejszy; droższy, najdroższy; lepszy, najlepszy; jaśniejszy, najjaśniejszy; spokojniejszy, najspokojniejszy; skromniejszy, najskromniejszy; piękniejszy, najpiękniejszy; przyjemniejszy, najprzyjemniejszy; bielszy, najbielszy; sympatyczniejszy, najsympatyczniejszy; młodszy, najmłodszy; głębszy, najgłębszy; gorętszy, najgorętszy; ważniejszy, najważniejszy; nowszy, najnowszy; mniejszy, najmniejszy; wspanialszy, najwspanialszy; chłodniejszy, najchłodniejszy;
b) hier erfolgt die Steigerung mit Hilfe des Adverbs "bardziej" (Komparativ) bzw. "najbardziej" (Superlativ).

Ćw. 2.: 1. zdolniejszy, najzdolniejszy; 2. skromniejsza, najskromniejsza; 3. młodszy, najmłodszy; 4. bardziej fascynująca, najbardziej fascynujące; 5. bardziej męcząca, najbardziej męcząca; 6. ładniejsza, najładniejsza; 7. tęższa, najtęższa; 8. mniejsza, najmniejsza; 9. bardziej pomysłowa, najbardziej pomysłowa; 10. lepszy, najlepszy.

Ćw. 3.: ładny, dobry, tęgi, tani, spokojny, wygodny, chłodny, modny, nowy, szybki, młody.

Ćw. 5.: a) musisz go koniecznie przymierzyć; b) zjedz jeszcze jedną porcję; c) może poszlibyśmy do kina? d) musisz uczyć się angielskiego; e) możemy iść do Marka.

Lekcja 30

Ćw. 2.: Jarkiem, wczasach, Karpaczu, cudowna, wypoczęli, jeździć na nartach, spacery, oglądała, spędzili.

Ćw. 3.: a) falsch; b) richtig; c) richtig; d) falsch; e) richtig; f) falsch; g) richtig.

Ćw. 4.: Agnieszka pływała kajakiem, zbierała grzyby i jagody, opalała się, kąpała się w jeziorze.
Ewa jeździła na nartach, chodziła po górach, jeździła na łyżwach.

Ćw. 6.: a) nauczyła się, uczy się, uczę się – nauczyłem (-am) się; b) spędzam (-amy etc.), spędziła, spędzić; c) ogląda, obejrzałeś (-aś), obejrzeć; d) kupuje, kupił, kupiłeś (-aś); e) napisałaś, piszesz, pisała; f) czytać, przeczytał, przeczytać; g) znaleźć, znajduje, znalazłaś; h) przynosi, przyniósł, przynieś; i) przyjeżdża, przyjechał, przyjedzie; j) wraca, wrócił, wróci; k) poszukać, szukasz, szukałem (-am); l) jedzie – pojedzie – pojechał (alle 3 Möglichkeiten sind richtig), pojadę, jedziesz; ł) wypiłem (-am), pije – pić, wypijesz; m) zjem, jem, zjadłyście.

Lekcja 31

Ćw. 2.: odwiedzi; wyjedzie; będzie czytała; będziemy jeździli/jeździły/jeździć; będę oglądał (-a); będą się opalały; będzie pisała; będziemy zbierać; będzie się uczył; będziemy słuchać; będą odpowiadać; będzie spędzała; będą rozmawiali; będą szyły.

Ćw. 3.: a) falsch; b) richtig; c) richtig; d) falsch; e) falsch.

Lekcja 32

Ćw. 1.: a) richtig; b) falsch; c) richtig; d) richtig; e) richtig; f) richtig; g) falsch.

Ćw. 3.: a) dłużej, najdłużej; b) lepiej, najlepiej; c) później, najpóźniej; d) szybciej, najszybciej; e) bliżej, najbliżej; f) cieplej, najcieplej; g) więcej, najwięcej; h) częściej, najczęściej; i) wyżej, najwyżej; j) bardziej interesująco, najbardziej interesująco.

Ćw. 4.: a) częściej, najczęściej; b) więcej, najwięcej; c) wcześniej, najwcześniej; d) później, najpóźniej; e) dalej, najdalej.

Ćw. 5.: a) dobrze, najlepiej, dużo, więcej, najwięcej; b) wcześnie, późno, wcześniej, długo, dużo, bardzo, później, najpóźniej.

Ćw. 6.: krótko, rzadko, dużo, daleko, późno, wąsko, drogo, niecierpliwie, niewygodnie, ciemno.

Wörterverzeichnis

Abkürzungen

Adj.	Adjektiv	s.	siehe
Adv.	Adverb	Sg.	Singular
f	weiblich	umg.	umgangssprachlich
m	männlich	uv	unvollendetes Verb
n	sächlich	vo	vollendetes Verb
Pl.	Plural	o.	oder

Polnisch – Deutsch

Im polnisch-deutschen Teil werden folgende Endungen zusätzlich genannt:
– bei Adjektiven: *Nom. Sg. mask.*, *fem.* und *neutr.*
– bei Substantiven: *Nom.* und *Gen. Sg.*, *Nom. Pl.*
– bei Verben: *Infinitiv*, *1. Pers. Sg. Präs.*, *1. Pers. Pl. Präs.*

A

a und (nur als Gegenüberstellung)
adapter, -u, -y Plattenspieler
adres, -u, -y Anschrift
agrest, -u (nur *Sg.*) Stachelbeere
aha aha
akceptować, -uję, -ujemy *(uv)* akzeptieren
aktor, -a, -rzy Schauspieler
aktorka, -i, -i Schauspielerin
aquarium, -um, -a Aquarium
ale aber
amerykański, -a, -ie amerikanisch
ananas, -a, -y Ananas
ananasowy, -a, -e Ananas-
angielski, -a, -ie englisch
(język) angielski Englisch
po angielsku Englisch (schreiben, sprechen usw.)
angina, -y Angina
antonim, -u, -y Antonym
apaszka, -i, -i Halstuch
arabski, -a, -ie arabisch, Arabisch; po arabsku Arabisch
architekt, -a, -ci Architekt
autobus, -u, -y Bus

awangardowy, -a, -e avantgardistisch

B

bać się, boję się, boimy się *(uv)* sich fürchten, Angst haben
balet, -u, (-y) Ballet
balkon, -u, -y Balkon
bank, -u, -i Bank
bar, -u, -y Bar
bardziej *(Adv.)* mehr; *s.* bardzo
bardzo *(Adv.)* sehr
bawełniany, -a, -e Baumwoll-
bez ohne
bezczynny, -a, -e untätig, müßig
beżowy, -a, -e beige
biały, -a, -e weiß
biblioteka, -i, -i Bibliothek
bić się, biję się, bijemy się *(uv)* einander schlagen, miteinander kämpfen
biernik, -a Akkusativ (der *4. Fall*)
bilet, -u, -y Karte; b. do kina Kinokarte; b. autobusowy Busfahrkarte; b. samolotowy Flugschein
biolog, -a, -dzy Biologe
biologia, -ii Biologie
biurko, -a, -a Schreibtisch
bliski, -a, -ie nah
blisko nah *(Adv.)*
bliżej näher *(Adv.)*
bliższy, -a, -e näher
blondyn, -a, -i blonder Mann
blondynka, -i, -i blonde Frau
bluzka, -i, -i Bluse; dünner Pulli
błękitny, -a, -e hellblau, himmelblau
błyskawicznie blitzschnell *(Adv.)*
bo denn, weil
borowik, -a, -i Steinpilz
brać, biorę, bierzemy *(uv)* nehmen
brać się *(uv)* herkommen *(umg.)*
bransoletka, -i, -i Armband, Armreif
brat, -a, bracia Bruder
brązowy, -a, -e braun
broda, -y, -y Bart (Kinn- *o.* Vollbart)
brydż, -a Bridge (Kartenspiel)
brzoskwinia, -i, -ie Pfirsich
brzoskwiniowy, -a, -e Pfirsich-
brzydki, -a, -ie unschön, häßlich
but, -a, -y Schuh, Stiefel
być, jestem, jesteśmy *(uv)* sein

C

całować, -uję, -ujemy *(uv)* küssen
celownik, -a Dativ (der *3. Fall*)
centrum, -um, -a Zentrum
chcieć, -ę, -emy wollen
chemia, -ii Chemie
chemik, -a, -cy Chemiker

chęć, -i, -i Lust
chętnie gern
chleb, -a, -y Brot
chłodniej kühler *(Adv.)*
chłodno kühl *(Adv.)*
chłodny, -a, -e kühl
chłopak, -a, -i (-cy) Junge, Bursche; Freund (eines Mädchens)
chłopiec, -a, -y *s.* chłopak
chociaż obwohl
chodzić, -ę, -imy *(uv)* gehen
chodź! chodźcie! komm! kommt!
chory, -a, -e krank
chudnąć, -ę, -iemy *(uv)* abnehmen, mager werden
chudy, -a, -e mager
chwalić się, -ę, -imy prahlen, angeben
chwila, -i, -e Weile, Moment
chwilka, -i, -i *s.* chwila
chyba wohl, wahrscheinlich
ci *(Demonstrativpron. Personalform)* diese
ciastko, -a, -a Kuchen (ein Stück)
ciąg; w ciągu während
ciebie *s.* ty
ciekawy, -a, -e interessant; neugierig
ciemno dunkel *(Adv.)*
ciemny, -a, -e dunkel
cienki, -a, -ie dünn
ciepły, -a, -e warm
cierpliwy, -a, -e geduldig
cieszyć się, -ę, -imy sich freuen
cieśla, -i, -e Zimmermann
cię *s.* ty
ciocia, -i, -ie Tante
co was
coś etwas
cola, -i Cola
córeczka, -i, -i Töchterchen
córka, -i, -i Tochter
cudowny, -a, -e wunderbar
cukier, -u Zucker
cyfra, -y, -y Ziffer
cytryna, -y, -y Zitrone
cytrynowy, -a, -e Zitronen-
czarny, -a, -e schwarz
czarna jagoda Blaubeere
czarnowłosy, -a, -e schwarzhaarig
czas, -u, -y Zeit
czasem manchmal
czas przeszły Präteritum
czas przyszły Futur
czas teraźniejszy Präsens
czasownik, -a, -i Verb
czego *s.* co
czegoś *s.* coś
czekać, -am, -amy *(uv)* warten
czekolada, -y, -y Schokolade
czekoladowy, -a, -e Schokoladen-
czemu *s.* co
czemu warum
czereśnia, -i, -ie Süßkirsche
czereśniowy, -a, -e Süßkirsch-
czerwiec, -a Juni
czeski, -a, -ie tschechisch, Tschechisch; po czesku tschechisch *(Adv.)*
często oft
członek, -a, -owie Mitglied
człowiek, -a,, ludzie *(Pl.)* Mensch

czterdziesty, -a, -e der, die, das vierzigste
czterdzieści vierzig
czterechsetny, -a, -e der, die, das vierhundertste
czternasty, -a, -e der, die, das vierzehnte
czternaście vierzehn
cztery vier
czterysta vierhundert
czuć się, -uję, -ujemy sich fühlen
czwartek, -u, -i Donnerstag
czwarty, -a, -e der, die, das vierte
czwórka, -i, -i Vier
czy *(Fragewort für Entscheidungsfragen; unübersetzbar)* ob
czym *s.* co
czymś *s.* coś
czytać, -am, -amy *(uv)* lesen
czytany, -a, -e der, die, das gelesene

Ć

ćwiczenie, -ia, -ia Übung

D

dać, dam, damy *(vo)* geben
dalej weiter *(Adv.)*
daleko weit *(Adv.)*
dancing, -u, -i Tanzveranstaltung
data, -y, -y Datum
dawać, daję, dajemy *(uv)* geben
dawno einst, lange, längst *(Adv.)*; od dawna seit langem
dąć, dmę, dmiemy *(uv)* blasen
dbać, -m, -my *(uv)* sorgen, sich kümmern *(um etw.)*
deszcz, -u, -e Regen; ulewny deszcz Platzregen
diabeł, -a, -y/-i Teufel
dialog, -u, -i Dialog
dla für
dlaczego warum
dlatego darum, deswegen
długi, -a, -ie lang
długo lange *(Adv.)*
długopis, -u, -y Kugelschreiber
dni *s.* dzień
do bis, zu, für
dobry, -a, -e gut
dobrze gut *(Adv.)*
docent, -a, -i akadem. Grad
dodać, -m, -my *(vo)* zugeben, addieren
dokąd wohin
dom, -u, -y Haus
dookoła ringsherum
dopasować, -uję, -ujemy *(vo)* anpassen, richtig kombinieren
dopełniacz, -a Genitiv *(2. Fall)*
dopiero erst
dostać, -nę, -niemy *(vo)* bekommen
dostać się *(vo)* gelangen
dostawać, -ję, -jemy *(uv)* bekommen
dosyć genug
dość genug
dowódca, -y, -y Befehlshaber
dramat, -u, -y Drama

droga, -i, -i Weg
drogi, -a, -ie teuer
drogo teuer *(Adv.)*
drugi, -a, -ie der, die, das zweite
drwić, -ię, -imy *(uv)* spotten
drzwi *(Pl.)* Tür
dużo viel
dwa, dwie, dwaj zwei
dwadzieścia zwanzig
dwanaście zwölf
dwieście zweihundert
dwójka, -i, -i Zwei
dwudziesty, -a, -e der, die, das zwanzigste
dwunasty, -a, -e der, die, das zwölfte
dwusetny, -a, -e der, die, das zweihundertste
dyrektor, -a, -rzy/-owie Direktor
dyrektorka, -i, -i Direktorin
dyskoteka, -i, -i Diskothek
dziecięcy, -a, -e Kinder-
dziecko, -a, -ci Kind
dzielnica, -y, -e Stadtbezirk
dziennie täglich
dzień, dnia, dni Tag
dzień dobry Guten Tag
dziesiąty, -a, -e der, die, das zehnte
dziesięć zehn
dziewczę (*veralt.*, *Pl.* dziewczęta) Mädchen
dziewczyna, -y, -y Mädchen
dziewczynka, -i, -i kleines Mädchen
dziewiąty, -a, -e der, die, das neunte
dziewięć neun
dziewięćdziesiąt neunzig
dziewięćdziesiąty, -a, -e der, die, das neunzigste
dziewięćset neunhundert
dziewięćsetny, -a, -e der, die, das neunhundertste
dziewiętnaście neunzehn
dziewiętnasty, -a, -e der, die, das neunzehnte
dziękować, -uję, -ujemy *(uv)* danken
dzisiaj heute
dziś heute
dżungla, -i, -e Dschungel

E

egzamin, -u, -y Prüfung
egzemplarz, -a, -e Exemplar
ekonomia, -ii Ökonomie
ekspres, -u, -y Expreß
elegancki, -a, -ie elegant
elegancko elegant *(Adv.)*
elektronika, -i Elektronik
encyklopedia, -ii, -ie Enzyklopädie
etnograficzny, -a, -e ethnographisch

F

fajnie *(umg.)* fein, prima *(Adv.)*
fałszywy, -a, -e falsch
fascynujący, -a, -e faszinierend
filiżanka, -i, -i Tasse
film, -u, -y Film
fizyka, -i Physik
forma, -y, -y Form
fotel, -a, -e Sessel
fotografia, -ii, -ie Fotografie

fotografować, -uję, -ujemy
(uv) fotografieren
francuski, -a, -ie
Französisch, französisch;
po francusku Französisch
fryzjer, -a, -rzy Friseur
fryzjerka, -i, -i Frisöse
futro, -a, -a Pelzmantel; Fell

G

gabinet, -u, -y
Arbeitszimmer, Sprechzimmer (beim Arzt)
galanteria, -ii
Galanteriewaren; galanteria skórzana Lederwaren
gałąź, -ęzi, -ęzie Ast
gdzie wo
gdzieś irgendwo
geologiczny, -a, -e
geologisch
gitarzysta, -y, -ci
Gitarrenspieler
gitarzystka, -i, -i
Gitarrenspielerin
głębiej tiefer *(Adv.)*
głęboki, -a, -ie tief
głęboko tief *(Adv.)*
głowa, -y, -y Kopf
głupi, -a, -ie dumm
go *s.* on, ono
godzina, -y, -y Stunde, Uhrzeit
gorący, -a, -e heiß
gorszy, -a, -e schlechter
gorzej schlechter *(Adv.)*
gorzko bitter *(Adv.)*
gospodyni, -i, -ie Wirtin
gość, -ia, -ie Gast
gotować, -uję, -ujemy *(uv)*
kochen
góra, -y, -y Berg
góry *(Pl.)* Gebirge; w górach
im Gebirge
górnik, -a, -cy Bergmann
grać, -m, -my *(uv)* spielen;
grać na gitarze Gitarre
spielen; grać w szachy
Schach spielen
gramatyka, -i Grammatik
granatowy, -a, -e dunkelblau
(wie Matrosenuniform)
granica, -y, -e Grenze; za
granicą im Ausland; za
granicę ins Ausland
grudzień, grudnia Dezember
gruszka, -i, -i Birne
gruszkowy, -a, -e Birnen-
gryźć, gryzę, gryziemy *(uv)*
beißen
grzyb, -a, -y Pilz
gustownie geschmackvoll
(Adv.)
gustowny, -a, -e
geschmackvoll

H

hałas, -u, -y Krach, Lärm
handlować, -uję, -ujemy *(uv)*
handeln, Handel treiben
herbaciany, -a, -e Tee-
herbata, -y Tee
hiszpański, -a, -ie spanisch,
Spanisch; po hiszpańsku
Spanisch *(Adv.)*
hotel, -u, -e Hotel

I

i und
ich ihr *(Pl.)*
ich *s.* one, oni

ile wieviel
ilustracja, -i, -e Illustration, Bild
im *s.* oni, one
imieniny *(Pl.)* Namenstag
imię, imienia, imiona Vorname
inny, -a, -e der, die, das andere
inteligentny, -a, -e intelligent
interesująco interessant *(Adv.)*
interesujący, -a, -e interessant
inżynier, -a, -owie Ingenieur
iść, idę, idziemy gehen (einmalig)
iż daß *(selten gebräuchlich)*

J

ja ich
jabłko, -a, -a Apfel
jabłkowy, -a, -e Apfel-
jadalnia, -i, -e Speisesaal, -zimmer
jagoda, -y, -y Beere; *oft*: Blaubeere
jagodowy, -a, -e Blaubeer-
jajeczny, -a, -e Eier-
jajko, -a, -a Ei
jak wie
jak najlepiej möglichst gut *(Adv.)*
jak najlepszy möglichst gut *(Adj.)* jak ulał wie gegossen
jaki, jaka, jakie, jacy, jakie wie *(Frage- bzw. Relativpronomen)*
jakiś, jakaś, jakieś, jacyś, jakieś irgendein, irgendeine, ein gewisser
jako als
pracować jako inżynier als Ingenieur arbeiten
japoński, -a, -ie Japanisch, japanisch; po japońsku Japanisch *(Adv.)*
jaskrawy, -a, -e grell
jasny, -a, -e hell
jazda, -y, -y Fahrt, Fahren
jazda na nartach Skilaufen
ją *s.* ona
je *s.* one
jechać, jadę, jedziemy fahren, (einmalige Handlung)
jeden, jedna, jedno ein, eine
jedenasty, -a, -e der, die, das elfte
jedenaście elf
jednak doch, jedoch
jedwab, -iu, -ie Seide
jedwabny, -a, -e Seide-, seiden
jego *s.* on, ono
jego sein *(Possessivpronomen)*
jej ihr *(Possessivpronomen Sg.)*
jej *s.* ona
jemu *s.* on, ono
jesień, -i Herbst
jest, jestem, jesteś, jesteśmy, jesteście *s.* być
jeszcze noch
jeść, jem, jemy *(uv)* essen
jeśli wenn, falls
jezioro, -a, -a (der) See
jeżeli wenn, falls

jeżyna, -y, -y Brombeere
jeżynowy, -a, -e Brombeer-
język, -a, -i Zunge, Sprache
jutro morgen
już schon

K

kajak, -a, -i Paddelboot, Kanu
kajakarz, -a, -e Kanusportler
kajakarka, -i, -i Kanusportlerin
kakao, -o Kakao
kakaowy, -a, -e Kakao-, kakaobraun
kaktus, -a, -y Kaktus
kamienica, -y, -e Mietshaus
katedra, -y, -y Dom, Kathedrale
kawa, -y Kaffee
kawowy, -a, -e Kaffee-, kaffeebraun
kąpać się, -ię, -iemy *(uv)* baden
kelner, -a, -rzy Kellner
kelnerka, -i, -i Serviererin
kiedy wenn, wann
kiedyś einst, irgendwann
kieliszek, -a, -i Glas *(für alkoholische Getränke)*
kierowca, -y, -y Kraftfahrer
kierownik, -a, -cy (der) Leiter
kilka, kilku einige, ein paar
kilo Kilo
kino, -a, -a Kino
klasyczny, -a, -e klassisch
klub, -u, -y Klub
kłopot, -u, -y Sorge, Verlegenheit, Kummer; mieć kłopoty Kummer haben
kłuć, kłuję, kłujemy *(uv)* stechen
kobieta, -y, -y Frau, Weib *(nicht abwertend!)*
kochać, -m, -my *(uv)* lieben
kochany, -a, -e lieber, geliebt
kolacja, -i, -e Abendessen
kolega, -i, -dzy Kollege, Freund
kolorowy, -a, -e bunt, farbig
koło neben, um, bei
komedia, -ii, -ie Komödie
koniak, -u, -i Kognak
koniecznie unbedingt
konkretny, -a, -e konkret
konserwatorium, -um, -a Konservatorium, Musikhochschule
koń, konia, konie Pferd
kończyć, -ę, -ymy *(uv)* beenden
kosztować, -uję, -ujemy *(uv)* kosten
kosztowny, -a, -e kostspielig
koszula, -i, -e Hemd
kościół, -a, -y Kirche
kot, -a, -y Katze
koźlak, -a, -i Birkenpilz
kraj, -u, -e Land
kratka, -i Karo *(Muster)*; w kratkę kariert
krem, -u, -y Creme
krok, -u, -i Schritt
kromka, -i, -i Scheibe, Brotscheibe
kryminał, -u, -y Krimi
krzesło, -a, -a Stuhl
książka, -i, -i Buch
kto wer

który, -a, -e welcher, -e, -es
kuchnia, -i, -ie Küche
kula, -i, -e Kugel
kupić, -ę, -my *(vo)* kaufen
kupować, -uję, -ujemy *(uv)* kaufen
kurka, -i, -i Pfifferling
kuzyn, -a, -i Cousin
kuzynka, -i, -i Cousine
kwadrans, -u, -e Viertelstunde
kwadratowy, -a, -e quadratisch; metr kwadratowy Quadratmeter
kwiat, -u, -y Blume
kwiatek, -a, -i Blümchen; w kwiatki geblümt
kwiecień, kwietnia April

L

lampa, -y, -y Lampe
las, -u, -y Wald
lato, -a Sommer
lecieć, lecę, -imy fliegen *(einmalige Handlung)*
lekarka, -i, -i Ärztin
lekarz, -a, -e Arzt
lekcja, -i, -e Lektion, Unterricht
lekko leicht *(Adv.)*
lekkomyślnie leichtsinnig *(Adv.)*
lekkomyślny, -a, -e leichtsinnig
lemoniada, -y Limonade
lepiej besser *(Adv.)*
lepszy, -a, -e besser
leśnik, -a, -cy Förster
lewy, -a, -e links
leżeć, -ę, -ymy *(uv)* liegen
liczba, -y, -y Zahl
liczebnik, -a, -i Zahlwort
likier, -u, -y Likör
lipiec, -a Juli
list, -u, -y Brief
listopad, -a November
liść, -cia, -cie Blatt, Laub
lody, -ów *(Pl.)* Eis
lotnisko, -a, -a Flughafen
lubić, -ię, -imy gern haben, mögen
ludzie *s.* człowiek
lupa, -y, -y Lupe
luty, -ego Februar
lżej leichter *(Adv.)*
lżejszy, -a, -e leichter

Ł

ładnie schön, hübsch *(Adv.)*
ładniejszy, -a, -e schöner, hübscher
ładny, -a, -e schön, hübsch
łatwy, -a, -e leicht, nicht schwierig
łazienka, -i, -i Badezimmer
łyżka, -i, -i Löffel; łyżka stołowa Eßlöffel; łyżka wazowa Suppenkelle
łyżeczka, -i, -i kleiner Löffel
łyżwy, -ew *(Pl.)* Schlittschuhe

M

ma *s.* mieć; nie ma es gibt nicht, (er) ist nicht da
magnetofon, -u, -y Tonbandgerät, Kassettenrecorder
maj, -a Mai

makaron, -u Makkaroni
malina, -y, -y Himbeere
malinowy, -a, -e Himbeer-
mało wenig
mały, -a, -e klein
manipulować, -uję, -ujemy *(uv)* herumbasteln
marchew, -i Mohrrübe, Möhren
marszowy, -a, -e Marsch-; krok marszowy Marschschritt
martwić się, -ę, -imy *(uv)* sich Sorgen (Gedanken) machen
marzec, -rca März
marznąć, -ę, -iemy *(uv)* frieren
marzyć, -ę, -ymy *(uv)* träumen
maślak, -a, -i Butterpilz
matematyka, -i Mathematik
matka, -i, -i Mutter
mąż, męża, mężowie Ehemann
mebel, -a, -e Möbel(stück)
medycyna, -y Medizin (Wissenschaft)
melodia, -ii, -ie Melodie
metoda, -y, -y Methode
męczący, -a, -e ermüdend
mężczyzna, -y, -i Mann
mgła, -y Nebel
mi *s.* ja
mianownik, -a Nominativ *(1. Fall)*
miasto, -a, -a Stadt
mieć, mam, mamy haben
miejsce, -a, -a Platz, Ort
miejscownik, -a Lokativ *(6. Fall)*
miejscówka, -i, -i Platzkarte
miesiąc, -a, -e Monat
mieszkać, -m, -my wohnen
mieszkalny, -a, -e Wohn-; pokój mieszkalny Wohnzimmer
mieszkanie, -a, -a Wohnung
między zwischen
miękko weich *(Adv.)*
mięso, -a Fleisch
milion, -a, -y Million
miły, -a, -e nett
mimo trotz; mimo że trotzdem, obwohl
minister, -a, -owie Minister
minuta, -y, -y Minute
mleczny, -a, -e Milch-
mleko, -a Milch
młodszy, -a, -e jünger
młodzieżowy, -a, -e Jugend-, jugendlich
mną *s.* ja
mnie *s.* ja
mniej weniger
mniejszy, -a, -e kleiner
mnogi, -a, -ie zahlreich; liczba mnoga Mehrzahl, Plural
moda, -y Mode
modny, -a, -e modisch
morela, -i, -e Aprikose; morelowy, -a, -e Aprikosen-
morze, -a, -a Meer
może vielleicht
móc, mogę, możemy können, dürfen, imstande sein
mój, moja, moje, moi, moje mein, meine
mówić, -ę, -my *(uv)* sprechen

mu *s.* on, ono
muchomór, -a, -y Fliegenpilz
musieć, muszę, musimy müssen
muzyczny, -a, -e Musik-
muzyka, -i Musik
muzykalny, -a, -e musikalisch begabt, musikliebend
my wir
mydło, -a, -a Seife
mysz, -y, -y Maus
myśleć, -ę, -imy *(uv)* denken

N

na auf, zu
nad über
nadchodzić, -ę, -my *(uv)* (an)kommen
nadejść, -ę, -emy *(vo)* (an)kommen
najbardziej am meisten
najbliżej am nächsten
najbliższy, -a, -e nächster
najchłodniej am kühlsten
najdalej am weitesten
najgłębiej am tiefsten
najgorzej am schlechtesten
najlepiej am besten
najlepszy, -a, -e bester, -e, -es
najmniej am wenigsten
najniżej am niedrigsten
najpierw zuerst
najpłycej am seichtesten
najszybciej am schnellsten
najtęższy, -a, -e molligster, -e, -es
najwięcej am meisten
najwyżej am höchsten, höchstens
najlżej am leichtesten
nakryć, -ję, -jemy *(vo)* (zu)decken
nakrywać, -m, -my *(uv)* (zu)decken
na lewo links, nach links
nam *s.* my
nami *s.* my
namiot, -u, -y Zelt
napić się, -ję, -jemy *(vo)* trinken, den Durst stillen
napisać, -szę, -szemy *(vo)* schreiben
napisany, -a, -e geschrieben(er)
napój, -u, -e Getränk
naprzeciwko gegenüber
nareszcie endlich
narty, -Ø *(Pl.)* Ski; jeździć na nartach Ski laufen
narzędnik, -a Instrumental *(5. Fall)*
nas *s.* my
następny, -a, -e nächster
nasz, nasza, nasze, nasi, nasze unser, unsere
na tym nun, hiermit
nauczyciel, -a, -e Lehrer
nauczycielka, -i, -i Lehrerin
nawias, -u, -y Klammer; w nawiasach in Klammern, eingeklammert
nazwa, -y, -y Name, Benennung
nazywać się, -m, -my heißen
nerwowo nervös *(Adv.)*
nerwowy, -a, -e nervös
nią *s.* ona
nich *s.* one

nie nein, nicht
niebieski, -a, -ie blau
niebrzydki, -a, -ie nicht häßlich
niecierpliwy, -a, -e ungeduldig
niedawno vor kurzem
niedziela, -i, -e Sonntag
niej *s.* ona
niemiecki, -a, -ie Deutsch, deutsch; po niemiecku deutsch
niemodny, -a, -e unmodern
nieporządny, -a, -e unordentlich
niepotrzebnie unnötig *(Adv.)*
niestety leider
nieść, niosę, niesiemy *(uv)* tragen
nietypowy, -a, -e untypisch
niewiele nicht viel
niewygodnie unbequem *(Adv.)*
niewygodny, -a, -e unbequem
niezadowolony, -a, -e unzufrieden
niezależnie unabhängig
niezdrowo ungesund *(Adv.)*
niezły, -a, -e nicht schlecht
nigdy nie
nim *s.* on, ono
nimi *s.* oni, one
nisko niedrig *(Adv.)*
niż als *(im Vergleich)*
niżej niedriger *(Adv.)*
no na, ja
no pewnie na klar
noc, -y, -e Nacht
noga, -i, -i Bein
nosić, noszę, nosimy *(uv)* tragen
nowoczesny, -a, -e modern
nowocześnie modern *(Adv.)*
nowy, -a, -e neu
Nowy Rok Neujahr, Neues Jahr
nóż, -a, -e Messer
numer, -u, -y Nummer

O

o über, von, um, nach
obaj, obie, oba, oboje beide
obejrzeć, -ę, -ymy *(vo)* sich ansehen
obiad, -u, -y Mittagessen
obiecać, -m, -my *(vo)* versprechen
obiecany, -a, -e versprochener, -e, -es
obiecywać, -uję, -ujemy *(uv)* versprechen
obok neben
obóz, -u, -y Lager
obuwie, -a *(Sg.)* Schuhe, Schuhwaren
obydwaj, obydwie, obydwa, obydwoje beide
ochota, -y Lust
oczywiście selbstverständlich
od von, ab
oddać, -m, -my *(vo)* zurückgeben
oddalać się, -m, -my *(uv)* sich entfernen
oddawać, -ję, -jemy *(uv)* zurückgeben
odpowiadać, -m, -my *(uv)* antworten
odpowiedni, -a, -ie entsprechender, passender

odpowiedzieć, odpowiem, -my *(vo)* antworten
odpowiedź, -i, -i Antwort
od razu sofort
odsunąć, -ę, -iemy *(vo)* weg(ab)schieben
odsuwać, -m, -my *(uv)* weg(ab)schieben
odwiedzać, -m, -my *(uv)* besuchen
odwiedzić, -ę, -my *(vo)* besuchen
oglądać, -m, -my *(uv)* sich ansehen
ogród, -u, -y Garten
ojciec, ojca, ojcowie Vater
okazja, -i, -e Gelegenheit; przy okazji bei Gelegenheit
okienko, -a, -a Fensterchen; Schalter
okno, -a, -a Fenster
okolica, -y, -e Gegend, Umgebung
około gegen, etwa
okrągły, -a, -e rund
oliwa, -y Olivenöl
omawiać, -m, -my *(uv)* besprechen
omówić, -ę, -my *(vo)* besprechen
on er
ona sie, *Sg.*
one sie, *Pl. Sachform*
oni sie, *Pl. Personalform*
ono es
opalać się, -m, -my *(uv)* sich sonnen
opalić się, -ę, -imy *(vo)* braun werden
opera, -y, -y Oper
opisać, opiszę, -emy *(vo)* beschreiben
opowiedzieć, opowiem, -my *(vo)* erzählen
opóźnienie, -a, -a Verspätung
orzech, -a, -y Nuß
orzechowy, -a, -e Nuß-
osiem acht
osiemdziesiąt achtzig
osiemdziesiąty, -a, -e der, die, das achtzigste
osiemnasty, -a, -e der, die, das achtzehnte
osiemnaście achtzehn
osiemset achthundert
osiemsetny, -a, -e der, die, das achthundertste
osoba, -y, -y Person
osobowy, -a, -e Personen-
ostatni, -ia, -ie letzter, -e, -es
owoc, -u, -e Frucht
owoce *(Pl.)* Früchte, Obst
owszem doch

Ó

ósmy, -a, -e der, die, das achte

P

paczka, -i, -i Paket, Päckchen
palto, -a, -a Wintermantel
pamiętać, -m, -my *(uv)* in Erinnerung haben, sich entsinnen
pan, -a, -owie Herr; Sie *(Anrede)*

pani, -i, -ie Frau; Sie *(Anrede)*
państwo, -a, Herrschaften; Sie *(Anrede)*
parasol, -a, -e Regenschirm
park, -u, -i Park
pasek, -a, -i Gürtel; Streifen
pasjonujący, -a, -e spannend
pasować, -uję, -ujemy passen
patrzeć, -ę, -ymy *(uv)* schauen
październik, -a Oktober
pedagog, -a, -dzy Pädagoge
peron, -u, -y Bahnsteig
pewnie sicher, wohl
pewny (pewien), pewna, pewne ein gewisser, eine gewisse, ein gewisses
pękać, -m, -my *(uv)* platzen
piasek, -u Sand
piątek, -u, -i Freitag
piątka, -i, -i Fünf
piąty, -a, -e der, die, das fünfte
pić, piję, pijemy *(uv)* trinken
piec, piekę, pieczemy *(uv)* backen
piec, -a, -e Ofen
piegowaty, -a, -e mit Sommersprossen
pielęgniarka, -i, -i Krankenschwester
pieniądze, -y *(Pl.)* Geld
piernik, -a, -i Lebkuchen
pierścionek, -a, -i Ring (mit Stein)
pierwszy, -a, -e der, die, das erste
pies, psa, psy Hund
pieśń, -i, -i Lied
pięć fünf
pięćdziesiąt fünfzig
pięćdziesiąty, -a, -e der, die, das fünfzigste
pięćset fünfhundert
pięćsetny, -a, -e der, die, das fünfhundertste
piękny, -a, -e schön
piętnasty, -a, -e der, die, das fünfzehnte
piętnaście fünfzehn
piłka, -i, -i Ball, Spielball
piosenkarka, -i, -i Schlagersängerin
piosenkarz, -a, -e Schlagersänger
pisać, piszę, -emy *(uv)* schreiben
piwo, -a Bier
piwny, -a, -e Bier-
plac, -u, -e Platz
plan, -u, -y Plan
plaża, -y, -e Strand
płacić, -ę, -imy *(uv)* bezahlen
płaszcz, -a, -e Mantel
płynnie fließend *(Adv.)*
płótno, -a Leinen
płynąć, -ę, -iemy *(uv)* schwimmen; mit einem Boot, Schiff *usw.* fahren
płytki, -a, -ie seicht, flach
płycej seichter *(Adv.)*
płyta, -y, -y Platte, Schallplatte
płytko seicht *(Adv.)*
pływać, -m, -my *(uv)* schwimmen; mit einem Boot, Schiff *usw.* fahren
po nach, um, je
po pierwsze erstens

pochwalić się, -ę, -imy *(vo)* prahlen
pociąg, -u, -i Zug
początek, -u, -i Anfang
poczekać, -m, -my *(vo)* warten
pod unter
podać, -m, -my *(vo)* geben, reichen
podczas während
podjechać, podjadę, podjedziemy *(vo)* an etwas fahren
podkreślony, -a, -e der, die, das unterstrichene
podobać się, -m, -my *(uv)* gefallen
podobno wohl, angeblich
podobny, -a, -e ähnlich
podręcznik, -a, -i Lehrbuch
podróż, -y, -e Reise
podsłuchiwać, -uję, -ujemy *(uv)* lauschen
podwórze, -a, -e Hof *(vor einem Haus)*
poeta, -y, -ci Dichter
pogoda, -y Wetter
pojechać, pojadę, pojedziemy *(vo)* fahren, hinfahren
pokazać, pokażę, -emy *(vo)* zeigen
pokazywać, -uję, -ujemy *(uv)* zeigen
pokochać, -m, -my *(vo)* liebgewinnen
pokoik, -u, -i Zimmerchen
pokój, -u, -e Zimmer
polonistyka, -i Polonistik
polski, -a, -ie polnisch, Polnisch; po polsku Polnisch
południe, -a, -a Mittag; po południu am Nachmittag
pomagać, -m, -my *(uv)* helfen
pomarańcza, -y, -e Apfelsine, Orange
pomarańczowy, -a, -e Orangen-; orange
pomiędzy zwischen, dazwischen
pomóc, pomogę, pomożemy *(vo)* helfen
pomysł, -u, -y Einfall, Idee
pomysłowy, -a, -e einfallreich, originell, sinnreich
ponad über
poniedziałek, -u, -i Montag
ponieważ weil, denn
poniższy, -a, -e folgend, unten erwähnt
popatrzeć, -ę, -ymy *(vo)* zusehen
popsuty, -a, -e kaputt
pora, -y, -y Zeit; pora roku Jahreszeit
porcja, -i, -e Portion
portret, -u, -y Portrait
porzeczka, -i, -i Johannisbeere
porzeczkowy, -a, -e Johannisbeer-
posadzić, -ę, -imy *(vo)* pflanzen
posiłek, -u, -i Mahlzeit
posłuchać, -m, -my *(vo)* zuhören
pospieszny, -a, -e eilig; pociąg pospieszny Schnellzug
postawić, -ę, -my *(vo)* hinstellen
poszukać, -m, -my *(vo)* suchen

poszwa, -y, -y (Bett)überzug
powiadać, -m, -my sagen (wiederholte Handlung)
powiedzieć, powiem, -my *(vo)* sagen
powinien, powinna er, sie sollte
poza außer
pozdrawiać, -m, -my *(uv)* grüßen
pozdrowić, -ę, -my *(vo)* grüßen
pozdrowienie, -a, -a Gruß
pójść, pójdę, pójdziemy *(vo)* hingehen (einmalig)
półka, -i, -i Brett, Hängeregal
północ, -y Mitternacht; o północy um Mitternacht
półroczny, -a, -e halbjährig
półwiecze, -a, -a halbes Jahrhundert
późno spät *(Adv.)*
praca, -y, -e Arbeit
pracować, -uję, -ujemy *(uv)* arbeiten
pracowity, -a, -e fleißig
prać, piorę, pierzemy *(uv)* (Wäsche) waschen
praktyka, -i, -i Praktikum, Praxis
prawda, -y Wahrheit, wahr
prawdziwy, -a, -e wahr, echt
preparat, -u, -y Präparat
profesor, -a, -owie Professor
propozycja, -i, -e Vorschlag
prosić, -szę, -imy *(uv)* bitten
przebierać się, -m, -my sich umziehen
przebrać się, przebiorę, przebierzemy *(vo)* sich umziehen
przecież ja, doch
przeczytać, -m, -my *(vo)* lesen
przed vor
przedmieście, -a, -a Stadtrand
przedstawienie, -a, -a Vorstellung
przedwiośnie, -a, -a Vorfrühling
przepadać, -m, -my erpicht sein
przepraszać, -m, -my um Verzeihung bitten, sich entschuldigen
przeprowadzić, -ę, -imy *(vo)* durchführen
przesyłać, -m, -my *(uv)* übersenden
przesypać, przesypię, -iemy *(vo)* umschütten
przesypywać, -uję, -ujemy *(uv)* umschütten
przeszkadzać, -m, -my *(uv)* stören
przeszkodzić, -ę, -imy *(vo)* stören
przetłumaczyć, -ę, -ymy *(vo)* übersetzen
przez durch
przy an, bei
przychodzić, -ę, -imy *(uv)* kommen
przygotować się, -uję, -ujemy *(vo)* sich vorbereiten
przygotowywać się, -uję, -ujemy *(uv)* sich vorbereiten
przyimek, -a, -i Präposition
przyjaciel, -a, -e Freund
przyjaźń, -i, -ie Freundschaft

przyjechać, -jadę, -jedziemy *(vo)* ankommen
przyjemnie angenehm *(Adv.)*
przyjście, -a Ankunft (zu Fuß)
przyjść, przyjdę, przyjdziemy *(vo)* kommen
przymierzać, -m, -my *(uv)* anprobieren
przymierzyć, -ę, -ymy *(vo)* anprobieren
przymiotnik, -a, -i Adjektiv
przynieść, -niosę, -niesiesz *(vo)* mitbringen
przynosić, -noszę, -nosimy *(uv)* mitbringen
przypadek, -u, -i Fall, Kasus
przystojny, -a, -e hübsch (Mensch)
przytulny, -a, -e gemütlich
pstrąg, -a, -i Forelle
punktualnie, pünktlich *(Adv.)*
pytać, -m, -my *(uv)* fragen
pytanie, -a, -a Frage

R

racja, -i, -e Recht; mieć rację recht haben
raczej eher
radość, -i Freude
rano, -a am Morgen, früh
razem zusammen
regał, -u, -y Regal, Schrankwand
rewia, -ii, -ie Revue
restauracyjny, -a, -e Speise-; wagon restauracyjny Speisewagen
ręka, -i, ręce Hand, Arm
robić, -ę, -imy *(uv)* machen
robotnica, -y, -e Arbeiterin
robotnik, -a, -y Arbeiter
rodzeństwo, -a Geschwister
rodzice, -ów Eltern
rok, -u, lata Jahr
rosyjski, -a, -ie russisch, Russisch; po rosyjsku russisch
rozmawiać, -m, -my *(uv)* sich unterhalten
rozmiar, -u, -y Größe (Kleidung)
rozpoznać, -m, -my *(vo)* erkennen
rozsypać, rozsypię, -emy *(vo)* verschütten
rozsypywać, -uję, -ujemy *(uv)* verschütten
roztargniony, -a, -e zerstreut
rozwódka, -i, -i geschiedene Frau
róg, -u, -i Ecke *(außen)*
również auch, sowohl
róża, -y, -e Rose
ryba, -y, -y Fisch
rybak, -a, -cy Fischer
rybka, -i, -i kleiner Fisch
rysunek, -u, -i Zeichnung
rysunkowy, -a, -e Zeichen-; film rysunkowy Zeichentrickfilm
rzeczownik, -a, -i Substantiv
rzeczpospolita, -ej, -e Republik; Polska Rzeczpospolita Ludowa Volksrepublik Polen
rzeczywiście tatsächlich

S

sadzić, -ę, -imy *(uv)* pflanzen
sam, sama, samo, sami, same allein
samochód, -u, -y Auto
samolot, -u, -y Flugzeug
są *s.* być
sąsiad, -a, sąsiedzi Nachbar
sekretarka, -i, -i Sekretärin
serdecznie herzlich *(Adv.)*
setny, -a, -e der, die, das hundertste
siadać, -m, -my *(uv)* sich hinsetzen
siebie sich (selbst)
siedem sieben
siedemdziesiąt siebzig
siedemdziesiąty, -a, -e der, die, das siebzigste
siedemnaście siebzehn
siedemnasty, -a, -e der, die, das siebzehnte
siedemset siebenhundert
siedemsetny, -a, -e der, die, das siebenhundertste
siedzenie, -a Sitzen
siedzieć, -ę, -imy sitzen
sierpień, sierpnia August
się *s.* siebie
siostra, -y, -y Schwester
siostrzeniec, -ńca, -ńcy Neffe *(nur Sohn der Schwester!)*
siódmy, -a, -e der, die, das siebente
siwieć, siwieję, siwiejemy *(uv)* graues Haar bekommen
skąd woher
skierowanie, -a, -a Überweisung; Ferienscheck
sklep, -u, -y Laden
skończyć, -ę, -ymy *(vo)* beenden
skórzany, -a, -e Leder-, ledern
skromny, -a, -e bescheiden
skrzypek, -a, -owie Geiger
słodycze, -y *(Pl.)* Süßigkeiten
słonecznie sonnig *(Adv.)*
słowniczek, -a, -i kleines Wörterbuch; Vokabelverzeichnis
słowo, -a, -a Wort
słuchać, -m, -my *(uv)* zuhören
służbowo dienstlich *(Adv.)*
służbowy, -a, -e dienstlich
słychać es ist zu hören, man hört
słyszeć, -ę, -ymy *(uv)* hören
smażony, -a, -e gebraten
smażyć, -ę, -ymy *(uv)* braten
smutny, -a, -e traurig
sobą *s.* siebie
sobie *s.* siebie
sobota, -y, -y Sonnabend
sok, -u, -i Saft, Juice
sól, -i Salz
spacer, -u, -y Spaziergang
spać, śpię, -imy schlafen
spadać, -m, -my *(uv)* (herunter)fallen
spaść, spadnę, spadniemy *(vo)* (herunter)fallen
spędzać, -m, -my *(uv)* verbringen
spędzić, -ę, -imy *(vo)* verbringen
spodnie, -i *(Pl.)* Hose
spokojnie ruhig *(Adv.)*
spokojny, -a, -e ruhig

sporo recht viel, ziemlich viel
spódnica, -y, -e Rock
sprawa, -y, -y Angelegenheit
sprawiać, -m, -my *(uv)* bereiten
sprawić, -ię, -imy *(vo)* bereiten
sprzedawca, -y, -y Verkäufer
sprzedawczyni, -i, -ie Verkäuferin
srebrny, -a, -e Silber-, silbern
srebro, -a Silber
stać, stoję, stoimy *(uv)* stehen
stalowy, -a, -e Stahl-
starać się, -m, -my *(uv)* sich bemühen
starszy, -a, -e älter
stary, -a, -e alt
statek, -u, -i Schiff
stawiać, -m, -my *(uv)* stellen
sto hundert
stopa, -y, -y Fuß
stopień, -pnia, -pnie Grad, Stufe; stopień najwyższy Superlativ; stopień równy Positiv; stopień wyższy Komparativ
stopniować, -uję, -ujemy *(uv)* steigern
stół, -u, -y Tisch
strasznie furchtbar
student, -a, -ci Student
studentka, -i, -i Studentin
studiować, -uję, -ujemy studieren
szukać, -m, -my *(uv)* suchen
styczeń, stycznia Januar
sukienka, -i, -i Kleid
sweter, -a, -y Strickjacke; dicker gestrickter (gehäkelter) Pullover
swój, swoja, swoje sein (eigen)
sympatyczny, -a, -e sympathisch
syn, -a, -owie Sohn
sypać, sypię, -emy *(uv)* streuen
sypialnia, -i, -ie Schlafzimmer
sypnąć, sypnę, -iemy *(vo)* streuen
szachy *(Pl.)* Schach
szampan, -a Sekt, Champagner
szary, -a, -e grau
szaro grau *(Adv.)*
szczególnie besonders
szczęście, -a Glück
szczupły, -a, -e schlank
szeroki, -a, -ie breit, weit
szeroko breit, weit *(Adv.)*
szesnasty, -a, -e der, die, das sechzehnte
szesnaście sechzehn
sześć sechs
sześćset sechshundert
sześćsetny, -a, -e der, die, das sechshundertste
sześćdziesiąt sechzig
sześćdziesięty, -a, -e der, die, das sechzigste
szklanka, -i, -i Glas (vorwiegend für alkoholfreie Getränke)
szkoda schade
szkodzić, -ę, -imy *(uv)* schaden
szkoła, -y, -y Schule

szósty, -a, -e der, die, das sechste
sztućce, -ów *(Pl.)* Besteck
sztuka, -i, -i Stück
szuflada, -y, -y Schubfach
szukać, -m, -my *(uv)* suchen
szwagier, -a, -owie Schwager
szwedzki, -a, -ie schwedisch, Schwedisch; po szwedzku schwedisch
szyć, szyję, szyjemy *(uv)* nähen

Ś

ślepiec, -a, -y Blinder
śliczny, -a, -e bildhübsch
śliwka, -i, -i Pflaume
śliwkowy, -a, -e Pflaumen-
środa, -y, -y Mittwoch
świetnie herrlich, glänzend *(Adv.)*
świetny, -a, -e herrlich
święta, świąt *(Pl.)* Feiertage; *oft:* Ostern, Weihnachten
święto, -a Feiertag

T

ta diese *(Sg. f.)*
tajemniczy, -a, -e geheimnisvoll
tak ja
so
taki, -a, -ie, tacy, takie solcher, solche, solches
talerz, -a, -e Teller
tam dort, dorthin
tamten, tamta, tamto jener, -e, -es
tani, -a, -ie billig
tanio billig *(Adv.)*
tapczan, -u, -y Couch
te diese *(Sachform)*
teatr, -u, -y Theater
tekst, -u, -y Text
telefon, -u, -y Telefon
telefonować, -uję, -ujemy *(uv)* telefonieren
telewizja, -i Fernsehen
telewizor, -a, -y Fernseher
ten dieser
teraz jetzt
też auch
tęgi, -a, -ie mollig, dick
tęsknić, -ię, -imy *(uv)* sich sehnen
tęższy, -a, -e molliger, dikker
to dieses; das, das ist; also
toaleta, -y, -y Toilette
tobą *s.* ty
tobie *s.* ty
tonik, -u Tonik
torcik, -u, -i Törtchen, ein Stück Torte
torebka, -i, -i *(Damen-)*Tasche; Tüte
tort, -u, -y Torte
treść, -i, -i Inhalt *(eines Films, eines Buches etc.)*
trochę etwas, ein bißchen
trójka, -i, -i Drei
trud, -u, -y Mühe; z trudem mit Mühe
trudniejszy, -a, -e schwieriger
trudny, -a, -e schwierig
truskawka, -i, -i Erdbeere
truskawkowy, -a, -e Erdbeer-
tryb oznajmujący Indikativ

tryb przypuszczający Konjunktiv
trzechsetny, -a, -e der, die, das dreihundertste
trzeci, -ia, -ie der, die, das dritte
trzeć, trę, trzemy *(uv)* reiben
trzy drei
trzydziesty, -a, -e der, die, das dreißigste
trzydzieści dreißig
trzynasty, -a, -e der, die, das dreizehnte
trzynaście dreizehn
trzysta dreihundert
tu hier
turysta, -y, -ści Tourist
tutaj hier
twarz, -y, -e Gesicht
twarzowy, -a, -e kleidsam
twój, twoje, -e, -i, -e dein, -e
ty du
tydzień, tygodnia, tygodnie Woche
tyle so viel, soviel
tylko nur
tył, -u, -y Hinterteil, Rückseite; z tyłu (von) hinten
tysiąc, -a, -e Tausend
tysięczny, -a, -e der, die, das tausendste

U

uczeń, -nia, -iowie Schüler
ułożyć, -ę, -ymy *(vo)* zurechtlegen; ułożyć zdania Sätze bilden
uporządkować, -uję, -ujemy *(vo)* ordnen
urzędniczka, -i, -i Angestellte
usiąść, usiądę, usiądziemy *(vo)* sich hinsetzen, Platz nehmen
ustawny, -a, -e gut einrichtbar
usłyszeć, -ę, -ymy *(vo)* hören
uszyć, uszyję, -emy *(vo)* nähen
utworzyć, -ę, -ymy *(vo)* bilden
uzupełnić, -ę, -my *(vo)* ergänzen

W

w, we in
wagon, -u, -y Zugwagen
wakacje, -i *(Pl.)* Sommerferien
walizka, -i, -i Koffer
wam *s.* wy
wami *s.* wy
wanna, -y, -y Badewanne
warkocz, -a, -e Zopf
was *s.* wy
wasz, -a, -e, wasi, wasze euer, eure
wazowy, -a, -e: Vasen-; łyżka wazowa Suppenkelle
ważny, -a, -e wichtig
wąski, -a, -ie schmal, eng
wczasy, -ów *(Pl.)* Ferienplatz
wcześnie früh
wczoraj gestern
według nach (einem Muster)
wejście, -ia, -ia Eingang

wejść, wejdę, wejdziemy *(vo)* herein- (hinein-) kommen
wełniany, -a, -e Woll-, wollen
wersalka, -i, -i Klappcouch
węgierski, -a, -ie Ungarisch, ungarisch; po węgiersku ungarisch
wiadomość, -i, -i Nachricht
widelec, -a, -e Gabel
widok, -u, -i Aussicht
widzieć, widzę, widzimy *(uv)* sehen
wieczorem am Abend
wieczór, -u, -y Abend
wiedzieć, wiem, wiemy wissen
wiek, -u, -i Alter
Jahrhundert
wiele viel
wielki, -a, -ie sehr groß
wiersz, -a, -e Gedicht
wieźć, wiozę, wieziemy *(uv)* fahren *(jemanden o. etwas)*
więc also
więcej mehr
większy, -a, -e größer
wino, -a Wein
winogrono, -a, -a Weintraube
winogronowy, -a, -e Weintrauben-
wiosłować, -uję, -ujemy *(uv)* paddeln
wiosna, -y Frühling
wioślarka, -i, -i Ruderin
wioślarz, -a, -e Ruderer
wisieć, wiszę, wisimy *(uv)* hängen
wiśnia, -i, -ie Sauerkirsche
wiśniowy, -a, -e Sauerkirsch-; kirschrot, dunkelrot
własny, -a, -e eigen
właściwy, -a, -e richtig, entsprechend
właśnie eben, gerade
włączać, -m, -my *(uv)* einschalten
włączyć, -ę, -ymy *(vo)* einschalten
włoski, -a, -ie italienisch, Italienisch; po włosku Italienisch
wobec tego also, in diesem Fall
woda, -y Wasser
wokół ringsherum
woleć, -ę, -imy bevorzugen, lieber haben
wolno, man darf, es ist gestattet
wolny, -a, -e frei
wołacz, -a Vokativ *(7. Fall)*
wódka, -i Wodka, Schnaps
wpół do ... halb ... (Uhrzeiten)
wracać, -m, -my *(uv)* zurückkehren
wrażliwy, -a, -e empfindlich
wreszcie endlich
wrócić, -ę, -imy *(vo)* zurückkehren
wrzesień, września September
wspaniale hervorragend, herrlich *(Adv.)*
wspaniały, -a, -e hervorragend, herrlich
wspólny, -a, -e gemeinsam

wstać, -nę, -niemy *(vo)* aufstehen
wstawać, wstaję, -jemy *(uv)* aufstehen
wstawić, -ię, -imy *(vo)* hineinstellen
wsypać, -ię, -iemy *(vo)* hineinschütten
wsypywać, -uję, -ujemy *(uv)* hineinschütten
wszyscy alle (Personalform)
wszystkie alle (Sachform)
wszystko alles
wtedy dann, damals
wtorek, -u, -i Dienstag
wy ihr
wybrać, wybiorę, wybierzemy *(vo)* auswählen
wybrzeże, -a, -a Küste
wychowawczyni, -i, -ie Erzieherin
wycieczka, -i, -i Ausflug
wygodny, -a, -e bequem
wyjechać, -jadę, -jedziemy *(vo)* abfahren, verreisen
wyjeżdżać, -m, -my *(uv)* abfahren, verreisen
wykrój, -u, -e Schnitt
wypadać, -m, -my *(uv)* ausfallen
fallen auf
wypić, -ję, -jemy *(vo)* austrinken
wypocząć, -nę, -niemy *(vo)* sich erholen
wypoczywać, -m, -my *(uv)* sich erholen
wypowiedź, -i, -i Aussage
wypożyczać, -m, -my *(uv)* ausleihen
wysoki, -a, -ie hoch; groß (ein Mensch)
wysoko hoch *(Adv.)*
wyspa, -y, -y Insel
wystarczać, -m, -my *(uv)* ausreichen
wystarczyć, -ę, -ymy *(vo)* ausreichen
wystawa, -y, -y Schaufenster
wyżej höher *(Adv.)*
wziąć, wezmę, weźmiemy *(vo)* nehmen
wziąć się *(vo)* herkommen
wznieść się, wzniosę, wzniesiemy *(uv)* emporsteigen
wzór, -u, -y Muster, Beispiel

Z

z, ze von, aus, mit
za hinten; für
za, zbyt zu
zaakceptować, -uję, -ujemy *(vo)* akzeptieren
zabawa, -y, -y Spiel, Vergnügen
zabytkowy, -a, -e antik, mit historischem Wert
zachwycać się, -m, -my *(uv)* begeistert sein
zacząć, zacznę, -niemy *(vo)* anfangen
zadać pytanie *(vo)* eine Frage stellen
zadanie, -a, -a Aufgabe
zadawać pytania *(uv)* Fragen stellen
zadbany, -a, -e gepflegt
zaglądać, -m, -my *(uv)* hineinsehen

zaimek, -a, -i Pronomen
z. dzierżawczy Possessiv-
z. osobowy Personal-
z. pytający Frage-
z. wskazujący Demonstrativ-
zajęty, -a, -e beschäftigt
zajrzeć, -ę, -ymy *(vo)* hineinsehen
zakład, -u, -y Betrieb, Werke
zakochać się, -m, -my *(vo)* sich verlieben
zakochiwać się, -uję, -ujemy *(uv)* sich verlieben
zakochany, -a, -e verliebt
zakupy, -ów *(Pl.)* Einkäufe
zależeć, -ę, -ymy abhängig sein
zamek, -u, -i Schloß, Burg
zamienić, -ię, -imy *(vo)* tauschen
zamknięty, -a, -e geschlossen
zamknąć, -ę, -iemy *(vo)* schließen
zapomnieć, -ę, -imy *(vo)* vergessen
zaprzeczyć, -ę, -ymy *(vo)* verneinen
zaraz bald, gleich, sofort
zasadzić, -ę, -imy *(vo)* pflanzen
zaskakujący, -a, -e überraschend
zasypać, -ię, -iemy *(vo)* überschütten
zasypywać, -uję, -ujemy *(uv)* überschütten
zatelefonować, -uję, -ujemy *(vo)* anrufen
zazdrościć, zazdroszczę, zazdrościmy *(uv)* beneiden
ząb, zęba, zęby Zahn
zbierać, -m, -my *(uv)* sammeln
zbyt *s.* za
zdać, -m, -my *(vo)* bestehen (Prüfung)
zdawać, -ję, -jemy *(uv)* ablegen (Prüfung)
zdanie, -a, -a Satz
zdążyć, -ę, -ymy *(vo)* schaffen, rechtzeitig fertig werden
zdenerwowany, -a, -e aufgeregt
zdolny, -a, -e begabt
zespół, -u, -y Gruppe, Kollektiv
ziarno, -a, -a Korn
zielony, -a, -e grün
zima, -y, -y Winter
zjeść, -m, -my *(vo)* essen, aufessen
złoty, -a, -e Gold-, golden
zły, -a, -e böse
zmęczenie, -a Müdigkeit
zmęczony -a, -e müde
znać, -m, -my kennen
znajdować, -uję, -ujemy *(uv)* finden
znajdować się sich befinden
znajomy, -a, -e bekannt, Bekannte(r)
znaleźć, znajdę, znajdziemy *(vo)* finden
zobaczyć, -ę, -ymy *(vo)* sehen
zostać, -nę, -niemy *(vo)* bleiben, werden

zostawać, -aję, -ajemy *(uv)* bleiben, werden
zrobić, -ię, -imy *(vo)* machen
zupa, -y, -y Suppe
z tyłu (von) hinten

Ź

źle schlecht *(Adv.)*

Ż

żałoba, -y Trauer
że daß
żeby daß, damit
żona, -y, -y Ehefrau
żółty, -a, -e gelb
żreć, -ę, -emy *(uv)* fressen
żyć, żyję, -jemy leben

Verzeichnis einiger Eigennamen

Staaten – Państwa

Algieria Algerien
Bułgaria Bulgarien
Czechosłowacja Tschechoslowakei
Francja Frankreich
Grecja Griechenland
Hiszpania Spanien
Indie Indien
Jugosławia Jugoslawien
Niemiecka Republika Demokratyczna (NRD) Deutsche Demokratische Republik
Polska Polen
Rumunia Rumänien
Szwajcaria Schweiz
Szwecja Schweden
Węgry *(Pl.)* Ungarn

Städte in Polen

Gdańsk
Jelenia Góra
Karpacz
Kraków
Legionowo
Lublin
Łódź
Opole
Poznań
Radom
Raszyn
Sopot
Szczecin
Toruń
Warszawa
Wrocław

Städte außerhalb Polens

Budapeszt Budapest
Drezno Dresden
Lipsk Leipzig
Londyn London
Moskwa Moskau
Paryż Paris
Praga Prag
Rzym Rom

Stadtteile und Wohnviertel in Warszawa

Grochów
Koło
Marymont
Marysin
Mokotów
Ochota
Powiśle
Praga
Rembertów
Stegny
Śródmieście
Ursus
Ursynów
Wola
Żoliborz

Andere geographische Namen

Beskidy Beskiden
Bieszczady ein Teil der Karpaten im Südosten Polens
Karkonosze Riesengebirge
Mazury Masuren
Śnieżka Schneekoppe

Deutsch – Polnisch

Anmerkung: Ziffern deuten auf den Kasus, mit welchem das Verb bzw. die Präposition in Verbindung steht

A

ab od, *2*
Abend wieczór, *m*
am Abend wieczorem
Abendessen kolacja, *f*
abfahren odjechać, *vo*; odjeżdżać, *uv*
abhängig sein zależeć (od, *2*)
ablegen (die Prüfung) zdawać egzamin, *uv*
abnehmen schudnąć, *vo*; chudnąć, *uv*
acht osiem
(der, die, das) achte ósmy, -a, -e
achthundert osiemset (der, die, das) achthundertste; osiemsetny, -a, -e
achtzehn osiemnaście; (der, die, das) achtzehnte osiemnasty, -a, -e
achtzig osiemdziesiąt; (der, die, das) achtzigste osiemdziesiąty, -a, -e
addieren dodawać, *uv*; dodać, *vo*
Adjektiv przymiotnik, *m*
aha aha
Akkusativ biernik, *m*
akzeptieren zaakceptować, *vo*; akceptować, *uv*
alle wszyscy, wszystkie
alles wszystko
allein sam, -a, -o
als jako *(Angabe)*, niż *(Vergleich)*
also więc
alt stary, -a, -e
Alter wiek, *m*
amerikanisch amerykański, -a, -ie
am meisten najwięcej *(Menge)*, najbardziej *(Intensität)*
Ananas ananas, *m*; Ananas- ananasowy, -a, -e
anderer, -e, -es inny, -a, -e
Anfang początek, *m*
angeben pochwalić się, *vo*; chwalić się, *uv*
angeblich podobno, chyba
Angelegenheit sprawa, *f*
angenehm przyjemny, -a, -e *(Adj.)*, przyjemnie *(Adv.)*
Angestellte urzędniczka, *f*; urzędnik, *m*
Angina angina, *f*
Angst haben bać się, *2*
ankommen nadejść, *vo*; nadchodzić, *uv*
Ankunft przybycie, *n*
anpassen dopasować, *vo*; dopasowywać, *uv*
anprobieren przymierzyć, *vo, 4*; przymierzać, *uv, 4*

anrufen zatelefonować, *vo* *(do 2)*; telefonować, *uv*
Anschrift adres, *m*
sich ansehen obejrzeć, *vo 4*; oglądać, *uv 4*
antik antyczny, -a, -e; zabytkowy, -a, -e
Antonym antonim, *m*
Antwort odpowiedź, *f*
antworten odpowiedzieć, *vo*; odpowiadać, *uv*
Apfel jabłko, *n*; Apfel- jabłkowy, -a, -e
Apfelsine pomarańcza, *f*
Aprikose morela, *f*; Aprikosen- morelowy, -a, -e
April kwiecień, *m*
Aquarium akwarium, *n*
arabisch arabski, -a, -ie; Arabisch po arabsku
Arbeit praca, *f*
arbeiten pracować
Arbeiter robotnik, *m*
Arbeiterin robotnica, *f*
Arbeitszimmer gabinet, *m*
Architekt architekt, *m*
Arm ramię, *n*
Armband bransoletka, *f*
Armreif bransoletka, *f*
Arzt lekarz, *m*
Ast gałąź, *f*
auch też, również
auf na, *4*, *5*
auffallen wypadać w *4*
Aufgabe zadanie, *n*
aufgeregt zdenerwowany, -a, -e
aufstehen wstać, *vo*; wstawać, *uv*
August sierpień, *m*
ausfallen wypaść, *vo*; wypadać, *uv*
Ausflug wycieczka, *f*
Ausland zagranica, *f*; im Ausland za granicą; ins Ausland za granicę
ausleihen wypożyczyć, *vo*; wypożyczać, *uv*
ausreichen wystarczyć, *vo*; wystarczać, *uv*
Aussage wypowiedź, *f*
außer oprócz, *2*; poza, *5*
Aussicht widok, *m*
auswählen wybrać, *vo*; wybierać, *uv*
Auto samochód, *m*; auto, *n*;
avantgardistisch awangardowy, -a, -e

Ä

ähnlich podobny, -a, -e
älter starszy, -a, -e
Ärztin lekarka, *f*

B

backen upiec, *vo*; piec, *uv*
Bad kąpiel, *f*; Bad nehmen kąpać się
baden wykąpać się, *vo*; kąpać się, *uv*
Badewanne wanna, *f*
Badezimmer łazienka, *f*
Bahnsteig peron, *m*
bald wkrótce, zaraz
Balkon balkon, *m*
Ball piłka, *f*; Ball spielen grać w piłkę
Ballet balet, *m*
Bank bank, *m*

Bar bar, *m*
Bart broda, *f*
Baumwolle bawełna, *f*;
Baumwoll- bawełniany, -a, -e
Beamte urzędnik, *m*
beenden skończyć, *vo*; kończyć, *uv*
Beere jagoda, *f*
Befehlshaber dowódca, *m*
sich befinden znajdować się
begabt zdolny, -a, -e
begeistert zachwycony, -a, -e
bei przy, *6*; u, *2*; koło, *2*
beide obaj, obie, oboje, oba
beige beżowy, -a, -e
Bein noga, *f*
Beispiel przykład, *m*
beißen ugryźć, *vo*; gryźć, *uv*
bekannt znany, -a, -e
Bekannte znajoma, *f*
Bekannter znajomy, *m*
bekommen otrzymać, dostać, *vo*; otrzymywać, dostawać, *uv*
sich bemühen postarać się, *vo*; starać się, *uv*
beneiden zazdrościć *(komu – 3; czego – 2)*
Benennung nazwa, *f*
bequem wygodny, -a, -e *(Adj.)*; wygodnie *(Adv.)*
bereiten przygotować, *vo*; przygotowywać, *uv*
Berg góra, *f*
Bergmann górnik, *m*
beschäftigt zajęty, -a, -e
bescheiden skromny, -a, -e *(Adj.)*; skromnie *(Adv.)*
besonders szczególnie
besprechen omówić, *vo*; omawiać, *uv*
besser lepszy, -a, -e *(Adj.)*; lepiej *(Adv.)*
Besteck sztućce, *Pl.*
bestehen; eine Prüfung bestehen zdać egzamin *vo*
am besten najlepiej
besuchen odwiedzić, *vo*; odwiedzać, *uv*
Betrieb zakład, *m*
bevorzugen przedkładać (coś, *4*; nad coś, *4*;), woleć
bezahlen zapłacić, *vo*; płacić, *uv*
Bibliothek biblioteka, *f*
bilden; (Sätze bilden) utworzyć zdania, *vo*; tworzyć zdania, *uv*
bildhübsch śliczny, -a, -e
Bier piwo, *n*; Bier- piwny, -a, -e
Bild ilustracja, *f*; rysunek, *m*
billig tani, -ia, -ie *(Adj.)*; tanio *(Adv.)*
Biologe biolog, *m*
Birkenpilz koźlak, *m*
Birne gruszka, *f*; Birnen- gruszkowy, -a, -e
bis aż (Menge); do, *2*
ein bißchen trochę
bitten poprosić, *vo*; prosić, *uv*
bitter gorzki, -a, -ie *(Adj.)*; gorzko *(Adv.)*
blasen dąć
Blatt liść, *m*
blau niebieski, -a, -ie; dunkelblau
sehr dunkelblau (wie Matrosenuniform) granatowy;

hellblau jasnoniebieski;
himmelblau błękitny
Blaubeere (czarna) jagoda, *f*
Blaubeer- jagodowy, -a, -e
bleiben zostać, *vo*; zostawać, *uv*
Blinder ślepiec, *m*
blitzschnell błyskawiczny, -a, -e *(Adj.)*; błyskawicznie *(Adv.)*
blond blond
blonder Mann blondyn, *m*
blonde Frau blondynka, *f*
Blume kwiat, *m*
Bluse bluzka, *f*
Blümchen kwiatek, *m*
Blüte kwiat, *m*
böse zły, -a, -e
braten upiec, usmażyć, *vo*; piec, smażyć, *uv*
braun brązowy, -a, -e
braun werden opalić się, *vo*; opalać się, *uv*
breit szeroki, -a, -ie *(Adj.)*, szeroko *(Adv.)*
Brett deska, *f*; półka, *f*; regał, *m*
Bridge brydż, *m*; Bridge spielen grać w brydża
Brief list, *m*
Brombeere jeżyna, *f*;
Brombeer- jeżynowy, -a, -e
Brot chleb, *m*
Brotscheibe kromka chleba, *f*
Bruder brat, *m*
Buch książka, *f*
bunt kolorowy, -a, -e
Bursche chłopak, chłopiec, *m*
Bus autobus, *m*
Busfahrkarte bilet autobusowy, *m*
Butterpilz maślak, *m*

C

Champagner szampan, *m*
Chemie chemia, *f*
Chemiker chemik, *m*
Cola cola, *f*
Couch tapczan, *m*
Cousin kuzyn, *m*
Creme krem, *m*

D

damals wtedy
damit żeby
danken podziękować, *vo*; dziękować, *uv*
dann potem, później
darum dlatego
das to
daß że, iż; żeby
Dativ celownik, *m*
Datum data, *f*
dazwischen pomiędzy, 5
decken nakryć, *vo*; nakrywać, *uv* den Tisch decken nakryć (nakrywać) do stołu
dein twój, *m*; twoje, *n*
deine twoja, *f*; twoje, twoi *Pl.*
Demonstrativpronomen zaimek wskazujący, *m*
denken myśleć
denn bo, ponieważ
deswegen dlatego
deutsch niemiecki, -a, -ie; deutsch po niemiecku, *Adv.*

Dezember grudzień, *m*
Dialog dialog, *m*
Dichter poeta, *m*
dick gruby, -a, -e
dicker grubszy, -a, -e
Dienstag wtorek, *m*
dienstlich służbowy, -a, -e; służbowo
diese ta, *f, Sg.*; te, *Pl. Sachf.*; ci, *Pl. Personalf.*
dieser ten
dieses to
Direktor dyrektor, *m*
Direktorin dyrektorka, *f*
Diskothek dyskoteka, *f*
doch przecież, owszem
Dom katedra, *f*
Donnerstag czwartek, *m*
dort tam
dorthin tam
Drama dramat, *m*
drei trzy
Drei trójka, *f*
dreihundert trzysta; (der, die, das) dreihundertste trzechsetny, -a, -e
dreißig trzydzieści; (der, die, das) dreißigste trzydziesty, -a, -e
dreizehn trzynaście (der, die, das) dreizehnte trzynasty, -a, -e
(der, die, das) dritte trzeci, -ia, -ie
Dschungel dżungla, *f*
du ty
dumm głupi
dunkel ciemny, -a, -e *(Adj.)*; ciemno *(Adv.)*
dunkelblau ciemnoniebieski, -a, -ie; granatowy, -a, -e
durch przez, *4*
Durst pragnienie, *n*; den Durst stillen napić się, *2*
dünn cienki, -a, -ie
dürfen (unpers.) wolno + *3. Fall*

E

eben właśnie
echt prawdziwy, -a, -e
Ecke kąt, *m (in einem Raum)*; róg, *m (von außen)*
Ehefrau żona, *f*
Ehemann mąż
eher raczej
Ei jajko, *n*
eigener, -e, -es własny, -a, -e
Einkäufe zakupy, *Pl.*
eilig pospieszny, -a, -e *(Adj.)*; pospiesznie, szybko *(Adv.)*
ein jeden, *m*; jedno, *n*
eine jedna
Einfall pomysł, *m*
einfallreich pomysłowy, -a, -e
Eingang wejście, *n*
eingeklammert w nawiasach
einige kilka, parę
(gut) einrichtbar ustawny, -a, -e
einschalten włączyć, *vo*; włączać, *uv*
einst kiedyś (einmal); dawno (vor langem)
Eintrittskarte bilet, *m*
Eis lody, *Pl.*
elegant elegancki, -a, -ie *(Adj.)*; elegancko *(Adv.)*
Elektronik elektronika, *f*

elf jedenaście
(der, die, das) elfte jedenasty, -a, -e
Eltern rodzice, *Pl.*
empfindlich wrażliwy, -a, -e
emporsteigen wznieść się, *vo*; nad *4*; wznosić się, *uv*; nad *4*
endlich wreszcie
eng ciasny, -a, -e *(Adj.)*; ciasno *(Adv.)*
englisch angielski, -a, -ie; englisch po angielsku *(Adv.)*
sich entschuldigen przeprosić, *vo*; przepraszać, *uv*
sich entsinnen przypomnieć sobie, *vo*; przypominać sobie, *uv*
entsprechend odpowiedni, -ia, -ie; odpowiednio *(Adv.)*
Enzyklopädie encyklopedia, *f*
er on
Erdbeere truskawka, *f*; Erdbeer- truskawkowy, -a, -e
ergänzen uzupełnić, *vo*; uzupełniać, *uv*
erhalten otrzymać, dostać, *vo*; otrzymywać, dostawać, *uv*
sich erholen odpocząć, *vo*; odpoczywać, *uv*
Erinnerung wspomnienie, *n*; in Erinnerung behalten zapamiętać, *vo*
erkennen rozpoznać, *vo*; rozpoznawać, *uv*
ermüdend męczący, -a, -e
erpicht sein przepadać, *uv* za *5*
erst dopiero
erstens po pierwsze
(der, die, das) erste pierwszy, -a, -e
erzählen opowiedzieć, *vo*; opowiadać, *uv*
Erzieherin wychowawczyni, *f*
es ono
essen zjeść, *vo*; jeść, *uv*
ethnographisch etnograficzny, -a, -e
etwas coś
trochę (ein bißchen)
euer wasz, *m*; wasze, *n*
eure wasza, *f*; wasze, *Pl. Sachform*; wasi, *Pl. Personalform*
Exemplar egzemplarz, *m*
Expreß ekspres, *m*

F

fahren pojechać, *vo*; jechać, *uv*
Fahren jazda, *f*
Fahrkarte bilet, *m*
Fahrt jazda, *f*; podróż, *f*
Fall przypadek, *m*
fallen spaść, upaść, *vo*; spadać, upadać, *uv*
falls jeśli
falsch nieprawidłowy, -a, -e *(Adj.)*; nieprawidłowo *(Adv.)*
farbig barwny, -a, -e
faszinierend fascynujący, -a, -e
Februar luty, *m*
Feiertag święto, *n*

fein fajny, -a, -e *Adj. umg. f.* gut; fajnie *Adv. umg.*
Fell futro, *n*
Fenster okno, *n*
Fensterchen okienko, *n*
Ferienplatz wczasy, *Pl.*
Ferienscheck skierowanie na wczasy
Fernsehen telewizja, *f*
fernsehen oglądać telewizję
Fernsehapparat telewizor, *m*
Film film, *m*
finden znaleźć, *vo*; znajdować, *uv*
Fisch ryba, *f*
kleiner Fisch rybka, *f*
Fischer rybak, *m*
Fleisch mięso, *n*
fleißig pilny, -a, -e; pracowity, -a, -e
fliegen lecieć *(einmalig)*; latać *(wiederholt)*
Fliegenpilz muchomór, *m*
fließend płynnie
Flughafen lotnisko, *n*
Flugschein bilet samolotowy, *m*
Flugzeug samolot, *m*
folgend poniższy, -a, -e; następny, -a, -e
Forelle pstrąg, *m*
Form forma, *f*
Fotografie fotografia, *f*
fotografieren sfotografować, *vo*; fotografować, *uv*
Förster leśnik, *m*
Frage pytanie, *n*
fragen zapytać, *vo*; pytać, *uv*
Fragepronomen zaimek pytający, *m*
französisch francuski, -a, -ie; französisch po francusku *(Adv.)*
Frau pani, *f*; żona, *f (Ehefrau)*
frei wolny, -a, -e
Freitag piątek, *m*
fressen żreć
Freude radość, *f*
sich freuen ucieszyć się, *vo*; cieszyć się, *uv*
Freund przyjaciel, *m*; chłopak, *m* (von einem Mädchen)
Freundschaft przyjaźń, *f*
frieren zmarznąć, *vo*; marznąć, *uv*
Friseur fryzjer, *m*
Frisöse fryzjerka, *f*
Frucht owoc, *m*
früh wcześnie
Frühling wiosna, *f*
furchtbar straszny, -a, -e *(Adj.)*; strasznie *(Adv.)*
Fuß stopa, *f*
Futur czas przyszły, *m*
sich fühlen czuć *się*
fünf pięć
Fünf piątka, *f*
fünfhundert pięćset
der, die, das fünfhundertste pięćsetny, -a, -e
der, die, das fünfte piąty, -a, -e
fünfzehn piętnaście
der, die, das fünfzehnte piętnasty, -a, -e
fünfzig pięćdziesiąt
der, die, das fünfzigste pięćdziesiąty, -a, -e
für dla, *2*; za, *4*
sich fürchten bać się, *2*

G

Gabel widelec, *m*
Galanteriewaren galanteria, *f*
Garten ogród, *m*
Gast gość, *m*
geben dać, *vo*; dawać, *uv*
Gebirge góry, *Pl.*
im Gebirge w górach
geblümt w kwiatki
gebraten pieczony, -a, -e; smażony, -a, -e
Geburtstag urodziny, *Pl.*
Gedicht wiersz, *m*
geduldig cierpliwy, -a, -e *(Adj.)*; cierpliwie *(Adv.)*
gefallen spodobać się, *vo*; podobać się, *uv*
gegen przeciw, przeciwko, *3*; około (etwa)
Gegend okolica, *f*
gegenüber naprzeciwko, *2*
gehen iść *(einmalig)*; chodzić *(wiederholt)*
geheimnisvoll tajemniczy, -a, -e
Geiger skrzypek, *m*
gelangen dostać się, *vo*; dostawać się, *uv*
gelb żółty, -a, -e
Geld pieniądze, *Pl.*
Gelegenheit okazja, *f*
bei Gelegenheit przy okazji
gelesen przeczytany, -a, -e *vo*; czytany, -a, -e *uv*
geliebt kochany, -a, -e
gelingen udać się, *vo*; udawać się, *uv*
gemeinsam wspólny, -a, -e *(Adj.)*; wspólnie, razem *(Adv.)*
gemütlich przytulny, -a, -e *(Adj.)*; przytulnie *(Adv.)*
Genitiv dopełniacz, *m*
genug dość, dosyć
geologisch geologiczny, -a, -e
gepflegt zadbany, -a, -e
gerade właśnie
gern chętnie
geschieden rozwiedziony, -a, -e
geschiedene Frau rozwódka, *f*
geschlossen zamknięty, -a, -e
geschmackvoll gustowny, -a, -e *(Adj.)*; gustownie *(Adv.)*
geschrieben napisany, -a, -e
Geschwister rodzeństwo, *n Sg.*
Gesicht twarz, *f*
gestern wczoraj
Getränk napój, *m*
(ein) gewisser pewien
Gitarrenspieler (-in) gitarzysta (-tka)
Glas szklanka, *f* (meistens für alkoholfreie Getränke); kieliszek, *m* (für alkoholische Getränke außer Bier)
glänzend wspaniały, -a, -e *(Adj.)*; wspaniale *(Adv.)*
gleich równy, -a, -e *(Adj.)*; równo *(Adv.)*
Glück szczęście, *n*
Gold złoto, *n*; Gold- złoty, -a, -e
golden złoty, -a, -e
Grad stopień, *m*

Grammatik gramatyka, *f*
grau szary, -a, -e; siwy, -a, -e (Haar)
grell jaskrawy, -a, -e
Grenze granica, *f*
groß duży, -a, -e
Größe rozmiar, *m*
größer większy, -a, -e
Gruppe grupa, *f*; zespół, *m*
Gruß pozdrowienie, *n*
grün zielony, -a, -e
grüßen pozdrowić, *vo*; pozdrawiać, *uv*
gut dobry, -a, -e *(Adj.)*; dobrze *(Adv.)*
Gürtel pasek, *m*

H

haben mieć
halb pół (Hälfte); wpół do *2* (Uhrzeit)
halbjährig półroczny, -a, -e
Halstuch apaszka, *f*
Hand dłoń, *f*
Handel handel, *m*
handeln (Handel treiben) handlować
Haus dom, *m*
hängen wisieć
Hängeregal półka, *f*
häßlich brzydki, -a, -ie
heiß gorący, -a, -e *(Adj.)*; gorąco *(Adv.)*
heißen nazywać się
hell jasny, -a, -e *(Adj.)*; jasno *(Adv.)*
hellblau jasnoniebieski, -a, -ie; błękitny, -a, -e
helfen pomóc, *vo*; pomagać, *uv*
Hemd koszula, *f*
Herbst jesień, *f*
herkommen wziąć się, *vo*; brać się, *uv*
Herr pan, *m*
herrlich wspaniały, -a, -e *(Adj.)*; wspaniale *(Adv.)*
Herrschaften państwo, *n*
herumbasteln manipulować, przy *6*
herunterfallen spaść, upaść, *vo*; spadać, upadać, *uv*
herzlich serdeczny, -a, -e *(Adj.)*; serdecznie *(Adv.)*
heute dziś, dzisiaj
hier tutaj, tu
hiermit na tym
Himbeere malina, *f*
Himbeer- malinowy, -a, -e
himmelblau błękitny, -a, -e
hineinschütten wsypać, *vo*; wsypywać, *uv*
hineinsehen zajrzeć, *vo*; zaglądać, *uv*
hineinstellen wstawić, *vo*; wstawiać, *uv*
sich hinsetzen usiąść, *vo*; siadać, *uv*
hinten z tyłu
Hinterteil tył, *m*
hinzufügen dodać, *vo*; dodawać, *uv*
hoch wysoki, -a, -ie *(Adj.)*; wysoko *(Adv.)*
Hof podwórze, *n*
Hose spodnie, *Pl.*
Hotel hotel, *m*
am höchsten najwyżej
höchstens najwyżej
höher wyższy, -a, -e *(Adj.)*; wyżej *(Adv.)*

hören usłyszeć, *vo*; słyszeć, *uv*
Hund pies, *m*
hundert sto
der, die, das hundertste setny, -a, -e
hübsch ładny, -a, -e; przystojny, -a, -e

I

ich ja
Idee idea, *f*; pomysł, *m*
ihr wy *(Personalpronomen)*; jej *(Possessivpron., Sg. f.)*; ich *(Possessivpron., Pl.)*
Illustration ilustracja, *f*
imstande sein być w stanie, móc
in w *6*
Indikativ tryb oznajmujący, *m*
Ingenieur inżynier, *m*
Inhalt treść, *f*
Insel wyspa, *f*
Instrumental narzędnik, *m*
intelligent inteligentny, -a, -e
interessant interesujący, -a, -e; ciekawy, -a, -e *(Adj.)*; interesująco, ciekawie *(Adv.)*
irgendein jakiś, jakieś
irgendwann kiedyś
italienisch włoski, -a, -ie
  italienisch po włosku *(Adv.)*

J

ja tak
Jahr rok, *m*
Jahreszeit pora roku, *f*
Jahrhundert wiek, *m*; stulecie, *n*
Januar styczeń, *m*
japanisch japoński, -a, -ie
  japanisch po japońsku *(Adv.)*
je po
jedoch jednak
jetzt teraz
Johannisbeere porzeczka, *f*
  Johannisbeer- porzeczkowy, -a, -e
Jugend młodzież, *f*
jugendlich młodzieżowy, -a, -e
Juice sok, *m*
Juli lipiec, *m*
Junge chłopak, chłopiec, *m*
Juni czerwiec, *m*
jünger młodszy, -a, -e

K

Kaffee kawa, *f*
  Kaffee- kawowy, -a, -e
kaffeebraun kawowy, a, -e
Kakao kakao, *n*
  Kakao- kakaowy, -a, -e
kakaobraun kakaowy, -a, -e
Kaktus kaktus, *m*
Kalb cielę, *n*
Kanu kajak, *m*
Kanusportler (-in) kajakarz (-rka)
kaputt popsuty, -a, -e
kariert kratkowany, -a, -e; w kratkę
Karos kratka, *f*

Karte karta, *f*; bilet, *m*; Kinokarte bilet do kina; Fahrkarte bilet; Spielkarte karta do gry
Kassettenrecorder magnetofon kasetowy, *m*
Kasus przypadek, *m*
Kathedrale katedra, *f*
Katze kot, *m*
kaufen kupić, *vo*; kupować, *uv*
kämpfen (miteinander) bić się
Kellner (-in) kelner(-ka)
kennen znać
Kilo kilo, *n*
Kind dziecko, *n*; Kinder- dziecięcy, -a, -e
Kino kino, *n*
Kinokarte bilet do kina, *m*
Kirche kościół, *m*
Kirsche; Sauerkirsche wiśnia, *f*; Süßkirsche czereśnia, *f*
kirschrot wiśniowy, -a, -e
Klammern nawiasy, *Pl.*
Klappcouch wersalka, *f*
klassisch klasyczny, -a, -e
Kleid sukienka, *f*
kleidsam twarzowy, -a, -e
klein mały, -a, -e
kleiner mniejszy, -a, -e
klopfen zapukać, *vo*; pukać, *uv*
Klub klub, *m*
kochen ugotować, *vo*; gotować, *uv*
Koffer walizka, *f*
Kognak koniak, *m*
Kollege kolega, *m*
Kollektiv kolektyw, *m*
komm! chodź!
kommen przyjść, nadejść, *vo*; przychodzić, nadchodzić, *uv*
Komödie komedia, *f*
Komparativ stopień wyższy, *m*
Konfektionsgröße rozmiar, *m*
Konjunktiv tryb przypuszczający, *m*
konkret konkretny, -a, -e *(Adj.)*; konkretnie *(Adv.)*
Konservatorium konserwatorium, *n*
Kopf głowa, *f*
Korn ziarno, *n*
kosten kosztować
kostspielig kosztowny, -a, -e
können móc; umieć
Krach hałas, *m*
Kraftfahrer kierowca, *m*
krank chory, -a, -e
Krankenschwester pielęgniarka, *f*
Krimi kryminał, *m*
Kuchen ciasto, *n*, ciastko, *n* *(kleines Stück)*
Kugel kula, *f*
Kugelschreiber długopis, *m*
Kummer kłopot, *m*; zmartwienie, *n*
Kusine kuzynka, *f*
Küche kuchnia, *f*
kühl chłodny, -a, -e *(Adj.)*; chłodno *(Adv.)*
kühler chłodniejszy, -a, -e *(Adj.)*; chłodniej *(Adv.)*
am kühlsten najchłodniej
sich kümmern martwić się o *4*

küssen pocałować, *vo*; całować, *uv*
Küste wybrzeże, *n*

L

Laden sklep, *m*
Lager obóz, *m*
Lampe lampa, *f*
Land kraj, *m*
lang długi, -a, -ie
lange długo; vor langem dawno; seit langem od dawna
Laub liść, *m*
lauschen podsłuchiwać, *uv*
längst dawno, długo
Lärm hałas, *m*
leben żyć
Lebkuchen piernik, *m*
Leder skóra, *f*
Leder- skórzany, -a, -e
ledern skórzany, -a, -e
Ledergalanterie galanteria skórzana
Lederwaren artykuły skórzane
Lehrbuch podręcznik, *m*
Lehrer (-in) nauczyciel (-ka)
leicht lekki, -a, -ie *(Adj.)*; lekko *(Adv.)*; łatwy, -a, -e *(Adj.)* nicht schwierig; łatwo *(Adv.)*
leichter lżejszy (łatwiejszy), -a, -e; lżej (łatwiej) *(Adv.)*
am leichtesten najlżej, najłatwiej
leichtsinnig lekkomyślny, -a, -e *(Adj.)*; lekkomyślnie *(Adv.)*
leider niestety
Leinen płótno, *n*
Leiter kierownik, *m*
Lektion lekcja, *f*
lesen przeczytać, *vo*; czytać, *uv*
der, die, das letzte ostatni, -ia, -ie
Leute ludzie, *Pl.*
lieben kochać *uv*
lieber, -e, -es kochany, -a, -e
Lied piosenka, *f*
liegen leżeć *uv*
Likör likier, *m*
Limonade lemoniada, *f*
links na lewo
Lokativ miejscownik, *m*
Löffel łyżka, *f*
Lupa lupa, *f*
Lust chęć, *f*, ochota, *f*

M

machen zrobić, *vo*; robić, *uv*
mager werden schudnąć, *vo*; chudnąć, *uv*
Mahlzeit posiłek, *m*
Mai maj, *m*
Makkaroni makaron, *m*
manchmal czasem, czasami
Mann mężczyzna, *m*
Mantel płaszcz, *m*
Marsch marsz, *m*
Marschschritt krok marszowy, *m*
Mathematik matematyka, *f*
Maus mysz, *f*
Mädchen dziewczyna, *f*; dziewczynka, *f*
März marzec, *m*
Medizin medycyna, *f*

Meer morze, *n*
mehr bardziej *(Intensität)*: więcej *(Menge)*
Mehrzahl liczba mnoga, *f*
mein mój, *m*; moje, *n*
meine moja, *f*; moje, *Pl. Sachf.*; moi, *Pl. Personalf.*
am meisten najbardziej
Melodie melodia, *f*
Mensch człowiek, *m*; *Pl.* ludzie
Messer nóż, *m*
Methode metoda, *f*
Mietshaus kamienica, *f*
Million milion, *m*
Milch mleko, *n*
 Milch- mleczny, -a, -e
Minister minister, *m*
Minute minuta, *f*
mit z, *5*
mitbringen przynieść, *vo*; przynosić, *uv*
Mitglied członek, *m*
Mittag południe, *n*
Mittagessen obiad, *m*
Mitternacht północ, *f*
 um Mitternacht o północy
Mittwoch środa, *f*
Mode moda, *f*
modern nowoczesny, -a, -e *(Adj.)*; nowocześnie *(Adv.)*
modisch modny, -a, -e *(Adj.)*; modnie *(Adv.)*
Mohrrübe marchew, *f*
mollig tęgi, -a, -ie
molliger tęższy, -a, -e
Moment moment, *m*
Monat miesiąc, *m*
Montag poniedziałek, *m*
morgen jutro
am Morgen rano
Möbel meble, *Pl.*
Möbelstück mebel, *m*
mögen lubić
möglichst *Adv.* jak + *Adv.* im Superlativ
Musik muzyka, *f*
 Musik- muzyczny, -a, -e
musikalisch begabt muzykalny, -a, -e
Musikhochschule konserwatorium, *n*
musikliebend muzykalny, -a, -e
Muster wzór, *m*
Mutter matka, *f*
müde zmęczony, -a, -e
Müdigkeit zmęczenie, *n*
Mühe trud, *m*
müssen musieć
müßig bezczynny, -a, -e *(Adj.)*; bezczynnie *(Adv.)*

N

na no
 na klar no pewnie
nach po, *6*; do, *2*; o, *4*; według, *2*
Nachbar sąsiad, *m*
Nachmittag popołudnie, *n*; am Nachmittag po południu
Nachricht wiadomość, *f*
Nacht noc, *f*; nachts w nocy, nocą
nah bliski, -a, -ie *(Adj.)*; blisko *(Adv.)*
Name nazwa, *f (Benennung)*; nazwisko, *n (Familienname)*; imię, *n (Vorname)*

Namenstag imieniny, *Pl.*
der, die, das nächste
najbliższy, -a, -e
am nächsten najbliżej
nähen uszyć, *vo*; szyć, *uv*
näher bliższy, -a, -e *(Adj.)*; bliżej *(Adv.)*
Nebel mgła, *f*
neben obok, *2*
Neffe siostrzeniec, *m (Sohn der Schwester)*
bratanek *(Sohn des Bruders)*
nehmen wziąć, *vo*; brać, *uv*
nein nie
nervös nerwowy, -a, -e *(Adj.)*; nerwowo *(Adv.)*
nett miły, -a, -e *(Adj.)*; miło *(Adv.)*
neu nowy, -a, -e
neugierig ciekawy, -a, -e
Neujahr Nowy Rok
neun dziewięć
neunhundert dziewięćset
der, die, das neunhundertste
dziewięćsetny, -a, -e
der, die, das neunte
dziewiąty, -a, -e
neunzehn dziewiętnaście
der, die, das neunzehnte
dziewiętnasty, -a, -e
neunzig dziewięćdziesiąt
der, die, das neunzigste
dziewięćdziesiąty, -a, -e
nicht nie
nie nigdy
niedrig niski, -a, -ie *(Adj.)*; nisko *(Adv.)*
niedriger niższy, -a, -e *(Adj.)*; niżej *(Adv.)*
am niedrigsten najniższy, -a, -e; najniżej
noch jeszcze
Nominativ mianownik, *m*
November listopad, *m*
Nummer numer, *m*
nur tylko
Nuß orzech, *m*; Nuß-
orzechowy, -a, -e

O

ob czy
Obst owoce, *Pl.*
obwohl chociaż
Ofen piec, *m*
oft często
ohne bez, *2*
Oktober październik, *m*
Olivenöl oliwa, *f*
Oper opera, *f*
Orange pomarańcza, *f*
Orangen- pomarańczowy, -a, -e
orange pomarańczowy, -a, -e
ordnen uporządkować, *vo*; porządkować, *uv*
originell oryginalny, -a, -e *(Adj.)*; pomysłowy, -a, -e

Ö

Ökonomie ekonomia, *f*

P

Paar para, *f*
ein paar kilka, parę
Paddelboot kajak, *m*
paddeln wiosłować
Paket paczka, *f*
Park park, *m*
passen pasować

Päckchen paczka, *f*
Pädagoge pedagog, *m*
Pelzmantel futro, *n*
Person osoba, *f*
Personen- osobowy, -a, -e
Personalpronomen zaimek osobowy
Pferd koń, *m*
Pfifferling kurka, *f*
Pfirsich brzoskwinia, *f*
Pfirsich- brzoskwiniowy, -a, -e
pflanzen posadzić, zasadzić, *vo*; sadzić, *uv*
Pflaume śliwka, *f*
Pflaumen- śliwkowy, -a, -e
Physik fizyka, *f*
Pilz grzyb, *m*
Plan plan, *m*
Platte płyta, *f*
Plattenspieler adapter, *m*
Platz miejsce, *n*; plac, *m*
platzen pęknąć, *vo*; pękać, *uv*
Platzkarte miejscówka, *f*
Platzregen ulewny deszcz, *m*
Plural liczba mnoga, *f*
polnisch polski, -a, -ie; polnisch po polsku
Polonistik polonistyka, *f*
Portion porcja, *f*
Portrait portret, *m*
Positiv stopień równy, *m*
Possessivpronomen zaimek dzierżawczy, *m*
prahlen pochwalić się, *vo*; chwalić się, *uv*
Praktikum praktyka, *f*
Praxis praktyka, *f*
Präparat preparat, *m*
Präposition przyimek, *m*
Präsens czas teraźniejszy, *m*
Präteritum czas przeszły, *m*
prima fajnie *(umg.)*
Professor profesor, *m*
Pronomen zaimek, *m*
Prüfung egzamin, *m*
Pullover pulower, sweter, *m*; bluzka, *f (dünn)*
pünktlich punktualny, -a, -e *(Adj.)*; punktualnie *(Adv.)*

Q

quadratisch kwadratowy, -a, -e
Quadratmeter metr kwadratowy, *m*

R

Recht racja, *f*; recht haben mieć rację
rechts na prawo
Regal regał, *m*
Regen deszcz, *m*
Regenschirm parasol, *m*
reiben trzeć
reichen starczyć, *vo*; starczać, *uv*
Reise podróż, *f*
Republik republika, *f*; rzeczpospolita, *f*
Revue rewia, *f*
richtig właściwy, -a, -e *(Adj.)*; właściwie *(Adv.)*
Ring pierścionek, *m (mit Stein)*; obrączka, *f (ohne Stein)*
ringsherum wokół, *2*; dookoła, *2*

Rock spódnica, *f*
Rose róża, *f*
Ruderer (-in) wioślarz (-rka)
ruhig cichy, spokojny, -a, -e (*Adj.*); cicho, spokojnie (*Adv.*)
rund okrągły, -a, -e
russisch rosyjski, -a, -ie
russisch po rosyjsku
Rückseite tył, *m*

S

Saft sok, *m*
sagen powiedzieć, *vo*
Salz sól, *f*
sammeln zbierać
Sand piasek, *m*
Satz zdanie, *n*
Sauerkirsche wiśnia, *f*; Sauerkirsch- wiśniowy, -a, -e
Schach szachy, *Pl.*; Schach spielen grać w szachy
schade szkoda
schaden zaszkodzić, *vo*; szkodzić, *uv*
schaffen zdążyć, *vo*
Schallplatte płyta, *f*
Schalter okienko, *n*
schauen popatrzeć, *vo*; patrzeć, *uv*
Schaufenster wystawa, *f*
Schauspieler (-in) aktor (-ka)
Schiff statek, *m*; m. d. Schiff fahren płynąć statkiem
schlafen spać
Schlafzimmer sypialnia, *f*
schlagen (einander) bić się
Schlagersänger (-in) piosenkarz (-rka)
schlank szczupły, -a, -e
schlecht zły, -a, -e (*Adj.*); źle (*Adv.*)
schlechter gorszy, -a, -e (*Adj.*); gorzej (*Adv.*)
schließen zamknąć, *vo*; zamykać, *uv*
Schlittschuhe łyżwy, *Pl.* Schlittschuhlaufen jeździć na łyżwach
Schloß zamek, *m*
schmal wąski, -a, -ie
schnell szybki, -a, -ie (*Adj.*); szybko (*Adv.*)
Schnellzug pociąg pospieszny, *m*
Schnitt krój, wykrój, *m*
Schokolade czekolada, *f*; Schokoladen- czekoladowy, -a, -e
schon już
schön piękny, -a, -e (*Adj.*); pięknie (*Adv.*)
Schrankwand regał, *m*; meblościanka, *f*
schreiben napisać, *vo*; pisać, *uv*
Schreibtisch biurko, *n*
Schritt krok, *m*
Schubfach szuflada, *f*
Schuh but, *m*
Schuhwaren obuwie, *n*
Schule szkoła, *f*
Schwager szwagier, *m*
schwarz czarny, -a, -e
schwarzhaarig czarnowłosy, -a, -e
schwedisch szwedzki, -a, -ie; schwedisch po szwedzku

Schwester siostra, *f*
schwierig trudny, -a, -e *(Adj.)*; trudno *(Adv.)*
schwimmen płynąć *(einmalig)*; pływać *(wiederholt)*
sechs sześć
sechshundert sześćset
der, die, das sechshundertste sześćsetny, -a, -e
der, die, das sechste szósty, -a, -e
sechzehn szesnaście
der, die, das sechzehnte szesnasty, -a, -e
sechzig sześćdziesiąt
der, die, das sechzigste sześćdziesiąty, -a, -e
See, *m* jezioro, *n*
See, *f* morze, *n*
sehen zobaczyć, *vo*; widzieć, *uv*
sehr bardzo
seicht płytki, -a, -ie
Seide jedwab, *m*; Seiden-, seiden jedwabny, -a, -e
sein być *(Verb)*; jego *(Possessivpronomen)*
Sekretärin sekretarka, *f*
Sekt szampan, *m*
selbstverständlich oczywiście
September wrzesień, *m*
Serviererin kelnerka, *f*
Sessel fotel, *m*
sicher pewny, -a, -e
sie ona, *f*; one, *Pl. Sachf.*; oni, *Pl. Personalf.*
Sie pan, pani, państwo
sieben siedem
siebenhundert siedemset
der, die, das siebenhundertste siedemsetny, -a, -e
der, die, das siebente siódmy, -a, -e
siebzehn siedemnaście
der, die, das siebzehnte siedemnasty, -a, -e
siebzig siedemdziesiąt
der, die, das siebzigste siedemdziesiąty, -a, -e
Silber srebro, *n*; Silber-, silbern srebrny, -a, -e
sinnreich pomysłowy, -a, -e
sitzen siedzieć
Sitzen siedzenie, *n*
Ski narty, *Pl.*; Ski laufen jeździć na nartach
so tak
sofort od razu
sogar nawet
solcher, -e, -es taki, -a, -ie
Sohn syn, *m*
Sommer lato, *n*
Sommerferien wakacje, *Pl.*
Sommersprossen piegi, *Pl.* mit S. piegowaty, -a, -e
Sonnabend sobota, *f*
sich sonnen opalać się
sonnig słoneczny, -a, -e *(Adj.)*; słonecznie *(Adv.)*
Sonntag niedziela, *f*
Sorge zmartwienie, *n*; (sich) sorgen martwić się, o *4*
so viel tyle, tak dużo
sowohl także
spanisch hiszpański, -a, -ie; spanisch po hiszpańsku
spannend pasjonujący, -a, -e
Spaziergang spacer, *m*
spät późno

Speisesaal jadalnia, *f*
Speisewagen wagon restauracyjny, *m*
Speisezimmer jadalnia, *f*
Spiel gra, *f*
spielen grać na *6 (Instrument)*; w *4 (Spiel)*
spotten drwić
Sprache język, *m*
sprechen mówić
Sprechzimmer gabinet, *m*
Stachelbeere agrest, *m*, nur *Sg.*; Stachelbeer- agrestowy, -a, -e
Stadt miasto, *n*
Stadtbezirk dzielnica, *f*
Stadtrand przedmieście, *n*
Stahl stal, *f*; Stahl- stalowy, -a, -e
stechen ukłuć, *vo*; kłuć, *uv*
stehen stać
steigern stopniować
Steinpilz borowik, *m*
stellen postawić, *vo*; stawiać, *uv*; Fragen stellen zadać (zadawać) pytania
Stiefel but, kozak, *m*
stören przeszkodzić, *vo*; przeszkadzać, *uv*
Strand plaża, *f*
Streifen pasek, *m*
streuen sypać
Strickjacke sweter, *m*
Student (-in) student (-ka)
studieren studiować
Stufe stopień, *m*
Stuhl krzesło, *n*
Stunde godzina, *f*
Stück sztuka, *f*; kawałek, *m* (ein Teil)
Substantiv rzeczownik, *m*
suchen poszukać, *vo*; szukać, *uv*
Superlativ stopień najwyższy
Suppe zupa, *f*
Suppenkelle łyżka wazowa, *f*
Süßigkeiten słodycze, *Pl.*
Süßkirsche czereśnia, *f*
  Süßkirsch- czereśniowy, -a, -e
sympathisch sympatyczny, -a, -e

T

Tag dzień, *m* (*Pl.*: dni)
  Guten Tag dzień dobry
Tante ciocia, *f*
Tanzveranstaltung dancing (dansing), *m*
Tasche torebka, *f*
Tasse filiżanka, *f*
tauschen zamienić, *vo*; zamieniać, *uv*
Tausend tysiąc, *m*
der, die, das tausendste tysięczny, -a, -e
tatsächlich rzeczywiście
täglich codziennie
Tee herbata, *f*; Tee- herbaciany, -a, -e
Telefon telefon, *m*
telefonieren zatelefonować, zadzwonić do *2 vo*; telefonować, dzwonić, do *2 uv*
Teller talerz, *m*
teuer drogi, -a, -ie *(Adj.)*; drogo *(Adv.)*
Text tekst, *m*
Theater teatr, *m*
Tisch stół, *m*

tief głęboki, -a, -ie *(Adj.)*; głęboko *(Adv.)*
tiefer głębszy, -a, -e *(Adj.)*; głębiej *(Adv.)*
Tochter córka, *f*
Toilette toaleta, *f*
Tonbandgerät magnetofon, *m*
Tonik tonik, *m*
Torte tort, *m*; ein Stück Torte torcik, *m*
Tourist turysta, *m*
Töchterchen córeczka, *f*
Törtchen torcik, *m*
tragen nieść, einmalig; nosić, wiederholt
Trauer żałoba, *f*
traurig smutny, -a, -e
träumen marzyć o *6*
trinken wypić, *vo*; pić, *uv*
trotz mimo, pomimo *2*
trotzdem mimo tego
tschechisch czeski, -a, -ie Tschechisch po czesku
Tür drzwi, *Pl.*
Tüte torebka, *f*

U

Uhrzeit godzina, *f*
um o, *6*
Umgebung okolica, *f*
umschütten przesypać, *vo*; przesypywać, *uv*
sich umziehen przebrać się, *vo*; przebierać się, *uv*
unabhängig niezależny, -a, -e *(Adj.)*; niezależnie *(Adv.)*, od *2*
unbedingt koniecznie
unbequem niewygodny, -a, -e *(Adj.)*; niewygodnie *(Adv.)*
und i; a
ungarisch węgierski, -a, -ie *(Adj.)* ungarisch po węgiersku
ungeduldig niecierpliwy, -a, -e
ungesund niezdrowy, -a, -e *(Adj.)*; niezdrowo *(Adv.)*
unmodisch niemodny, -a, -e *(Adj.)*; niemodnie *(Adv.)*
unnötig niepotrzebny, -a, -e *(Adj.)*; niepotrzebnie *(Adv.)*
unordentlich nieporządny, -a, -e *(Adj.)*; nieporządnie *(Adv.)*
unschön nieładny, -a, -e
unser nasz, *m*; nasze, *n*
unsere nasza, *f*; nasi, *Personalf.*; nasze, *Sachf.*
untätig bezczynny, -a, -e *(Adj.)*; bezczynnie *(Adv.)*
unten erwähnt niżej wymieniony
unter pod, *5*
sich unterhalten rozmawiać
Unterricht lekcja, *f*
unterstrichen podkreślony, -a, -e
untypisch nietypowy, -a, -e *(Adj.)*; nietypowo *(Adv.)*
unweit niedaleko (od) *2*; blisko *2*
unzufrieden niezadowolony, -a, -e

Ü

über o, *6*; nad, ponad, *4*, *5*
überraschen zaskoczyć, *vo*; zaskakiwać, *uv*
überschütten zasypać, *vo*; zasypywać, *uv*
übersenden przesłać, *vo*; przesyłać, *uv*
Überweisung skierowanie
Überzug poszwa, *f*
Übung ćwiczenie, *n*

V

Vater ojciec, *m*
Verb czasownik, *m*
verbringen spędzić, *vo*; spędzać, *uv*
vergessen zapomnieć, *vo*; zapominać, *uv*
Verkäufer (-in) sprzedawca (-czyni)
sich verlieben zakochać się, w *6*
verliebt zakochany, -a, -e
verneinen zaprzeczyć, *vo*; zaprzeczać, *uv*
verreisen wyjechać, *vo*; wyjeżdżać, *uv*
verschütten rozsypać, *vo*; rozsypywać, *uv*
Verspätung spóźnienie, opóźnienie, *n*
versprechen obiecać, *vo*; obiecywać, *uv*
versprochen obiecany, -a, -e
viel wiele, dużo; recht (ziemlich) viel sporo; nicht viel niedużo
vielleicht może
vier cztery
Vier czwórka, *f*
vierhundert czterysta
der, die, das vierhundertste czterechsetny, -a, -e
der, die, das vierte czwarty, -a, -e
Viertelstunde kwadrans, *m*
vierzehn czternaście
der, die, das vierzehnte czternasty, -a, -e
vierzig czterdzieści
der, die, das vierzigste czterdziesty, -a, -e
Vokabelverzeichnis słowniczek, *m*
Vokativ wołacz, *m*
sich vorbereiten przygotować się, *vo*; przygotowywać się, *uv*
Vorfrühling przedwiośnie, *n*
vor kurzem niedawno
Vorname imię, *n*
Vorschlag propozycja, *f*
Vorstellung przedstawienie, *n*

W

Wagen samochód, *m*
wahr prawdziwy, -a, -e; prawda
Wahrheit prawda, *f*
wahrscheinlich chyba
Wald las, *m*
wann kiedy
warm ciepły, -a, -e *(Adj.)*; ciepło *(Adv.)*
warten czekać, na *4*, *uv*
warum dlaczego, czemu
was co

waschen (Wäsche) uprać, *vo*; prać, *uv*
Wasser woda, *f*
während podczas, *2*
wechseln zmienić, *vo*; zmieniać, *uv*
Weg droga, *f*
wegschieben odepchnąć, *vo*; odpychać, *uv*
Weib kobieta, *f* (nicht abwertend)
weich miękki, -a, -ie *(Adj.)*; miękko *(Adv.)*
weil bo, ponieważ
Weile chwila, *f*, chwilka, *f*
Wein wino, *n*
Weintraube winogrono, *n*
Weintrauben- winogronowy, -a, -e
weiß biały, -a, -e
weit daleki, -a, -ie *(Entfernung), (Adj.)*; daleko, *(Adv.)*; szeroki, -a, -ie *(Breite), (Adj.)*; szeroko, *(Adv.)*
weiter dalej
welche która, *f*; które, *Sachf.*; którzy, *Personalf.*
welcher który
welches które, *n*
wenig trochę (etwas); mało (nicht viel)
weniger mniej
wenn kiedy, gdy
wer kto
werden zostać, *vo*
Wetter pogoda, *f*
wichtig ważny, -a, -e *(Adj.)*; ważne *(Adv.)*
wie jak *(Adv.)*; jaki, -a, -ie *(Adj.)*
wie gegossen jak ulał
wieviel ile
Winter zima, *f*; im Winter zimą
Wintermantel palto, *n*
wir my
Wirtin gospodyni, *f*
wissen wiedzieć
wo gdzie
Woche tydzień, *m* (*Pl.* tygodnie)
Wodka wódka, *f*
woher skąd
wohin dokąd
wohl chyba *(Vermutung)*
wohnen mieszkać
Wohnung mieszkanie, *n*
Wohnzimmer pokój mieszkalny, *m*
Wolle wełna, *f*; Woll- wełniany, -a, -e
wollen chcieć
Wort słowo, *n*
Wörterbuch słownik, *m*
wunderbar cudowny, -a, -e *(Adj.)*; cudownie *(Adv.)*

Z

Zahl liczba, *f*
zahlreich liczny, -a, -e; mnogi, -a, -ie
Zahlwort liczebnik, *m*
Zahn ząb, *m*
zehn dziesięć
der, die, das zehnte dziesiąty, -a, -e
Zeichentrickfilm film rysunkowy, *m*
Zeichnung rysunek, *m*

zeigen pokazać, *vo*; pokazywać, *uv*
Zeit czas, *m*; pora, *f*
Zelt namiot, *m*
Zentrum centrum, *n*
zerstreut roztargniony, -a, -e
Ziffer cyfra, *f*
Zimmer(chen) pokój (pokoik), *m*
Zimmermann cieśla, *m*
Zitrone cytryna, *f*; Zitronen- cytrynowy, -a, -e
Zopf warkocz, *m*
zu za, zbyt *(Qualität, Quantität)*; do *2 (Ziel)*; po *(Preis, Verteilung)*
Zucker cukier, *m*
zuerst najpierw
Zug pociąg, *m*
zugeben dodać, *vo*; dodawać, *uv*
zuhören słuchać
Zunge język, *m*
zurechtlegen ułożyć, *vo*; układać, *uv*
zurückgeben oddać, *vo*; oddawać, *uv*
zurückkehren wrócić, *vo*; wracać, *uv*
zusammen razem
zwanzig dwadzieścia
der, die, das zwanzigste dwudziesty, -a, -e
zwei dwa
Zwei dwójka, *f*
zweihundert dwieście
der, die, das zweihundertste dwusetny, -a, -e
der, die, das zweite drugi, -a, -ie
zwischen między, pomiędzy, *5*
zwölf dwanaście
der, die, das zwölfte dwunasty, -a, -e